사 람 은

왜

서 로 도 울 까

사람은 왜
04 이타

사람은
왜

정지우 지음

서로
도울까

낮은산

사람은 왜 서로 도울까

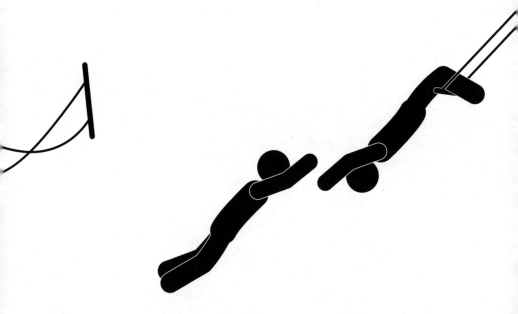

"사람은 왜 서로 도울까?"라는 질문은 어딘지 어색하게 느껴집니다. 오히려 "사람은 왜 도와야 하는가?"라는 질문이라면 우리에게도 익숙합니다. 우리는 부모님에서부터 학교 선생님, 종교인, 심지어 드라마나 만화 속 주인공에 이르기까지 온갖 사람들로부터 '남을 도와야 한다, 남을 돕는 건 중요한 일이다, 남을 돕는 사람은 얼마나 멋지고 아름다우냐.' 하는 이야기를 들어 왔기 때문입니다. 그런데 뜬금없이 왜 돕냐니? 어쩐지 남을 돕는 사람한테 시비를 거는 것 같기도 하고, 돕는다는 걸 당최 이해할 수 없다는 이기주의자의 푸념처럼 들리기도 합니다.

사실 자신이 원하든 원치 않든, 살아가면서 남을 전혀 돕지 않는 사람은 지구 상에 단 한 명도 존재하지 않습니다. 우리는 자기도 모르게 조금은 남을 돕기 마련이며, 때론 아주 열정에 가득 차서 남을 돕기 위해 발 벗고 나서기도 합니다. 예를 들어, 내가 아무리 남을 돕지 않겠다고 단단히 마음먹고 있어도, 지하철에서 줄을 지어 걷는 순간 반대편에서 다가오는 사람이 걷기 편하도록 조금은 도와 버리는 셈이 되고 맙니다. 나는 오직 나 자신의 이익만을 위해 큰돈을 벌었는데, 국가 경제에 이바지해 버리는 바람에 누군가가 경제적 혜택을 볼 수도 있지요. 그보다 더 흔한 경우, 사람들은 적어도 자신의 가족이나 친구를 사소하게 혹은 중요하게 도우며 살아갑니다.

그래서 이 질문은 중요합니다. 어느 사회에도 남을 전혀 돕지 않는 사람은 없기 때문이지요. 그건 마치 전혀 먹지 않거나, 전혀 자지 않는 사람이 없는 것과 같습니다. 흔히 인간의 3대 욕구를 식욕, 성욕, 수면욕이라고 하는데, 어쩌면 타인을 돕고 싶어 하는 '이타욕'을 추가해야 할지도 모르겠습니다.

우리는 '인간이란 모두 자기 이익만을 추구하는 이기적 존재다.'라는 말을 시도 때도 없이 들어 왔습니다. 지난 세기 동안 이러한 주장은 경제학과 심리학의 매우 중요한 전제였습니다. 인간이 남을 돕는 것도 사실은 자기 자신의 이익을 위한 계산에서 나온 행위에 불과하다는 의견이 지배적이었지요.

하지만 이제 이러한 방식의 논의는 식상합니다. 흔히 학자들은 이러한 주장을 '환원주의'라고 말합니다. 인간이나 생명, 나아가 우주의 여러 특징들을 오직 하나의 본성으로 설명하려 한다는 것이지요. 인간의 모든 행위의 근거를 이기주의로 환원하는 것도 마찬가지입니다. 예를 들어, 나는 정말 순수한 동기에서 누군가를 돕고 싶어서 도왔는데도, 그럼으로써 아주 약간이라도 내 기분이 좋아진다면 그건 자기 자신의 기분을 위해 도운 셈이 됩니다. 현실적으로 아무런 이익 없이 남을 도왔더라도, '그는 도덕적 인간이다.'라는 평판을 얻음으로써 간접적인 이익을 취한다면 그 사람 역시 이기주의자입니다. 더 흥미로운 건 만약에 약간의 이익도 없이, 기분의 나아짐도 없이, 도리어 손해를 보며 불쾌한 기분으로 남을 도왔다고 해도 그는 이기주의자라는 사실입니다. 왜냐고요? 그는 자신도 모르게 무언가를 기대했기 때문입니다. 즉, 그는 마음 깊숙한 곳에서 저 사람을 도우면 어떤 보답이 돌아오리라는 엉터리 기대를 품고 말았다는 것이지요!

인간의 모든 행위를 이처럼 단 하나의 동기로 환원하려는 시도는 때론 재미있어 보이지만, 대부분의 경우는 무리한 억지가 되어 버리고 맙니다. 하지만 사람에게는 이처럼 단 하나의 도구로 모든 걸 설명하고 싶은 욕구가 있습니다. 그런 본성이 있다고 볼 수 있지요. 지난날 인류의 과학과 학문은 그런 본성에 의해 발전되기도 했습니다.

최근의 학자들 역시 그런 욕심을 가지고 있습니다. 단 하나의 원리로 인간 행위의 모든 걸 설명하려는 시도는 여전히 이어지고 있습니다. 그러나 원리는 조금 더 복잡해졌습니다. 이 책의 1부에서는 긴 지면을 할애하여 '진화심리학'을 설명하는데, 그중 '이기적 유전자' 이론은 사실 사람은 그다지 이기적인 존재가 아니라고 말합니다. 이기적인 게 있다면 그것은 사람을 조종하는 유전자일 뿐, 사람 자체는 얼마든지 이타적이나 헌신적이 될 수도 있다는 것이지요. 이 이론에 따르면, 내가 누군가를 돕는 것은 사실 내 안의 유전자가 자신의 이익을 위해 명령을 내렸기 때문입니다. 나라는 존재(개체)는 내 안의 유전자가 조종하는 노예나 기계일 뿐이라는 것이지요.

실로 '사람은 왜 서로 도울까?'라는 질문은 늘 뜨거운 감자로 학자들의 머리를 싸매게 만들어 온 주제였습니다. 사실 '누군가를 돕는다.'라는 말 자체도 섣불리 정의 내리기가 어렵습니다. 과연 돕는다는 건 무엇을 뜻할까요? 내가 누군가를 진심으로 돕고 싶어서 도왔는데 상대방에게 피해만 주는 결과를 가져왔다면, 그건 도운 걸까요? 혹은 한 나라의 독재자가 국민을 핍박하여 경제가 발전했다면, 그래서 이후 세대가 발전한 경제의 혜택을 누리고 있다면, 녹새지는 먼 미래의 국민을 도운 걸까요?

이처럼 '돕는다'는 문제는 그 정의에서부터 원인을 찾기까지 쉬운 일이 아닙니다. 이 책에서는 사람이 사람을 돕는다는 게 도대체 무엇인지, 나아가 왜 그런 행위를 하는지 이야기해 볼 것입니다. 그 이유는 무척 다양할 것입니다. 앞에서 말한 대로, 자기 자신의 이익을 위해 누군가를 돕는 경우도 있을 테고, 어쩌면 정말로 타인을 위하는 순수한 이타심으로 누군가를 돕는 사람도 있을 겁니다. 혹은 그보다 더 복잡한 이유들이 얽히고설켜서 우리로 하여금 누군가를 돕게 만드는지도 모릅니다. 하지만 중요한 것은 어쨌든 모든 사람이 누군가를 도우며 살아간다는 점이고, 그것만큼 인간의 특징을 드러내는 사실은 없다는 점입니다.

만약 외계인이 어느 날 지구에 와서 이 행성에 발붙이고 사는 수많은 생명체들 중 인간을 발견했을 때, 이 종족의 특징을 가장 먼저 무엇이라고 생각할까요? 아마, 이 생명체는 결코 혼자 살아가는 법이 없으며 무수한 관계로 엮여서 집단을 이루어서는 때론 싸우면서도

만약 외계인이 어느 날 지구에 와서
이 행성에 발붙이고 사는 수많은 생명체들 중
인간을 발견했을 때, 이 종족의 특징을 가장 먼저
무엇이라고 생각할까요?

끝까지 서로 의존하며 살아가는 특성이 있다고 볼 것입니다. 더군다나 이 종족 중에는 자기 삶을 포기하면서까지 타인을 돕는 존재들이 있고, 심지어는 다른 종족까지 걱정하는 데 평생을 바치는 존재들도 있습니다(단언컨대, 지구 상 어떤 동물도 멸종 위기에 처한 고래를 보호하기 위해 평생을 바치진 않을 겁니다). 외계인이 볼 때, 인간의 이런 특성이야말로 가장 큰 호기심의 대상일 것이 분명합니다. 그렇기에 우리가 사람을 알고자 한다면, 나아가 나 자신과 나를 둘러싼 세상을 알고자 한다면, '사람이 돕는다'는 이 현상을 해명해야 합니다.

이 책에서는 먼저 이 질문에 대하여 크게 두 가지 방법을 통해 접근해 볼 것입니다. 첫째는, 진화심리학의 입장에서 인간이 남을 돕는 현상을 설명하려는 시도입니다. 이 시도의 가장 큰 특징은 인간의 행동과 마음이 진화의 결과물이라는 관점으로 접근한다는 것입니다. 즉, 인간을 '생존과 번식'이라는 진화론의 대전제와 연관지어 설명하는 것이지요. 그런 점에서, 인간 역시 하나의 동물로 본다고 할 수 있습니다. 이 세상에는 각자의 방식으로 진화하여 서로 돕고 살아가는 수많은 생명체들이 있고, 인간 역시 그중 하나의 종이라는 것이 진화론의 출발점입니다.

둘째는, 정신분석학의 입장에서 인간의 돕는 행위를 설명해 볼 것입니다. 정신분석학의 특이한 점은 인간을 동물의 연장선에 두지 않고, 동물과 단절된 고유의 존재로 본다는 점입니다. 즉, 정신분석학에서는 인간이 남을 돕는 이유가 인간만의 고유한 특징 때문이라고 설명합니다. 특히 정신분석학은 이 우주 상에서 오직 인간만이 '정교한 언어 체계(상징 체계)'를 가진 존재라는 점에 주목합니다.

이 각각의 학문은 무척이나 흥미로운 이야기를 들려줄 것입니다. 진화심리학과 정신분석학은 우리의 마음이 작동하고, 때론 조종당하는 여러 면모들을 각기 다른 방식으로 파헤쳐 나갑니다. 두 이야기를 만나면서, 우리는 나와 협력하는 내부의 본능들과 마주하게 될 것이고, 때로는 나에게 명령을 내리는 내 안의 낯선 존재들을 만나게 될 것입니다.

마지막으로는 진화심리학이나 정신분석학의 이야기를 아우름과 동시에 그 두 가지 틀을 넘어서서, 사람이 서로 돕는 것에 관해 이야기할 것입니다. 여기에서는 단순히 '돕는다'는 행위를 넘어서서, 우리 삶과 사회가 이 돕는다는 것과 얼마나 밀접하게 연관되어 있는지 알아볼 것입니다. 결국에는 우리 인간이 왜 서로를 도울 수밖에 없는지를 이해하는 것이 이 책의 목표입니다.

그럼, 먼저 우리 시대의 가장 탁월한 이야기꾼 두 사람, 진화심리학자와 정신분석가를 만나 보겠습니다.

| 차례 |

**03
사람을 돕는
사람**

진화
심리학자의
실험실

 진화심리학이 보는 인간 왜 여자는 쇼핑을, 남자는 게임을 좋아할까?

　만약 우리가 진화심리학자의 실험실에 놀러 갈 일이 있다면, 아마 가장 먼저 개미집을 보게 될 것입니다. 또 그들이 하는 연구를 옆에서 훔쳐보면, 사람에 대한 이야기만큼이나 다양한 생물들의 이야기도 많다는 것을 알 수 있을 겁니다. 책상 위에는 꿀벌, 흡혈박쥐, 비버, 원숭이, 침팬지처럼 집단생활을 하는 동물들에 대해 빼곡히 쌓아 올린 자료가 한가득 있겠지요.

　그 이유는 간단합니다. 진화심리학자들은 인간 역시 하나의 동물(특히 집단생활을 하는 동물)로 보기 때문입니다. 이러한 관점을 가장 본격적으로 제기한 학자는 생물학자 찰스 다윈(Charles Robert Darwin, 1809~1882)이었습니다. 그는 『종의 기원(On the Origin of Species)』을 통해 인간이 자연선택을 통해 진화한 동물의 한 종임을 밝혀 대중과 학계에 엄청난 파장을 불러일으켰지요. 여기서 '자연선택'이란 말이 대단히 중요한데, 간단히 말하면 모든 생물은 생존을 위해 각각의 '환경'에 적응하여 고유한 방식으로 진화한다는 것입니다.

가령, 왜 코끼리는 코가 길고, 기린은 목이 길고, 사슴은 다리가 길까요? 진화론 이전에는 그런 질문에 체계적으로 답하려는 시도 자체가 거의 존재하지 않았다고 봐야 할 것입니다. 다윈보다 앞선 진화론자였던 라마르크(Jean Baptiste Lamarck, 1744~1829)는 어느 날 기린 한 마리가 높은 나무의 나뭇잎을 따 먹기 위해 열심히 노력하여 목을 길게 늘이게 되고, 그 자손들이 번식하여 목이 긴 기린들이 많아졌다는 설을 제시합니다. 이를 라마르크설(Lamarckism)이라고 하는데, 하나의 설이었을 뿐 뚜렷한 증거가 발견되지는 않았습니다.

반면, 다윈은 다소 다른 설을 제시합니다. 가령, 기린의 목이 길어진 것은 어느 날 등장한 목이 긴 '돌연변이'가 생존에 훨씬 더 적합했기 때문이라는 것입니다. 우연히 태어난 목이 긴 돌연변이 기린은 다른 개체들보다 훨씬 높은 곳에 있는 나뭇잎을 따 먹을 수 있었고, 그덕에 식량이 부족했던 환경에서도 잘 살아남을 수 있었습니다. 그 결과 목이 짧았던 기린들은 점점 사라지고, 목이 긴 기린들만 남게 되었다는 것이지요.

누구나 이해할 수 있는 이 간단한 설명이 진화론적 혁명의 시작이라 볼 수 있습니다. 최근에 다시 부활한 진화론은 심리학과 결합하면서 인간 심리 구석구석을 설명하는 데 대단히 큰 힘을 발휘하고 있습니다.

진화심리학에서 보는 현대의 인간, 즉 우리는 지난 수십만 년간 진화한 결과물입니다. 여기서 '진화'라는 말은 앞에서 이야기했듯이, 인간이 주변 환경에 적응하면서 신체적 특징뿐만 아니라 마음의 특성들을 변화시켜 왔음을 뜻합니다. 특히, 이 '마음의 진화'야 말로 진화심리학의 핵심이라 할 수 있습니다. 즉, 우리가 다양한 감정들을 느끼고 판단을 하고 행동을 하는 바탕에는, 진화로 인해 형성된 '본능'이 결정적인 역할을 하고 있다는 것입니다.

간단한 예를 들어 볼까요? 어느 사회에서나 여성보다는 남성이 컴퓨터 게임을 즐긴다는 걸 알 수 있습니다. 그 이유가 무엇인지 생각해 본 적 있나요? 아마 진화론을 빼고서는 그 답을 찾기가 쉽지 않을 겁니다. 진화심리학자는 그것이 너무나 당연한 일이라고, 껄껄 웃으며 대답할 것입니다. 왜냐하면 수렵채집을 하며 살았던 인류의 기나긴 유목 생활 동안 남성은 사냥에 적합하도록 진화했기 때문입니다. 남성들은 게임 속에서 총을 쏘고, 사냥을 하고, 보상물을 획득하면서 수십만 년 전의 사냥을 대신하고 있는 것이지요!

반대로, 전 세계 여성들은 남성들보다 쇼핑을 즐깁니다. 여자 친구가 쇼핑센터를 누비는 동안 남자들이 벤치에 줄지어 앉아 스마트폰을 들여다보고 있는 풍경은 세계 어디에서나 발견됩니다. 진화심리학자라면, 그 이유 역시 어렵지 않게 설명합니다. 여성들은 수렵채집 시절에 늘 열매를 따거나 뿌리를 캐러 다녔는데, 그처럼 쓸 만한 것들을 수집하는 행위가 지금의 '쇼핑'으로 이어지고 있다는 것이지요.

위의 사례는 현대 사회의 인간을 설명하는 진화심리학의 중요한 전제를 보여 줍니다. 즉, 현대의 우리는 정착한 문명에 살며 수많은 기술의 혜택을 보고 있지만, 사실 우리의 몸과 마음은 여전히 수십만 년 전 인류가 떠돌던 저 벌판에 있다는 것이지요. 가령, 우리가 당분과 지방이 들어간 음식을 좋아하는 이유는 과거 식량이 부족하던 시절에 그렇게 진화했기 때문입니다. 당분과 지방이 많은 음식을 섭취해야 생존 확률도 높아졌을 테니까요. 그런데 현대 사회에서는 당분과 지방이 오히려 너무 많아졌기 때문에, 비만과 같은 질병이 나타나게 됩니다. 즉, 우리 몸은 옛날 그대로인데 살아가는 환경이 급격히 바뀌면서 생겨난 문제인 것이지요.

더 재미난 예는 남녀 간 사랑 방식의 차이에 있습니다. 노래방이나 회식 자리에서 곧잘 등장하는 〈남자는

찰스 다윈의 원숭이

　1859년, 찰스 다윈이 『종의 기원』을 발표하자 유럽 사회는 발칵 뒤집히고 말았지요. 기독교가 지배하던 당시 유럽에서 인간은 만물의 영장으로 다른 동물과 완전히 다른, 신의 축복을 받은 특별한 존재였습니다. 오직 인간만이 영혼을 가지고 선을 이해할 수 있는 존재라는 생각이 널리 퍼져 있던 시대에 인간과 원숭이가 같은 조상을 가진다는 주장은 충격적일 수밖에 없었습니다.

　그래서 찰스 다윈을 원숭이처럼 표현한 온갖 풍자만화들이 득세하기도 했습니다. "그렇게 원숭이가 되고 싶으면 당신이나 원숭이 해라."라는 것이었지요. 하지만 그런 사회 분위기와 별개로, 다윈의 사상은 매우 설득력이 있었기 때문에 학계에서는 격렬한 논쟁이 일어납니다. 특히 진화생물학자 토머스 헉슬리(Thomas Henry Huxley, 1825~1895)가 그를 지지한 것으로 유명하지요.

　한 토론회에서 영국 성공회 주교 윌버포스는 "당신의 조상 중 할아버지 쪽이 원숭이냐, 할머니 쪽이 원숭이냐?"라며 진화론자들을 비웃었습니다. 이에 대해, 토머스 헉슬리는 "부도덕한 인간을 할아버지라고 할 바에야, 정직한 원숭이를 할아버지라고 하겠다."라며 응수했지요.

　예나 지금이나 새로운 주장을 들고 나오는 사람들은 늘 기득권의 공고한 벽에 부딪히기 마련입니다. 기존 학자들의 반발과 조롱, 또 당시 강력한 권력을 쥐고 있던 기독교 세력 등에 의해 찰스 다윈의 진화론이 받아들여지기까지도 오랜 시간이 걸렸습니다. 하지만 어느덧 진화론을 전혀 인정하지 않는 생물학자란 존재하지 않는 시대가 되었지요. 지금 우리 주변에도 기존 권력에 맞서 진실을 주장하는 사람들이 어딘가 있을지도 모릅니다. 그런 이들을 비웃거나 조롱하는 것보다는, 새로운 의견에 귀를 기울이고 그들을 존중하는 것이 우리 모두에게 이로운 일일 것입니다.

배 여자는 항구〉라는 심수봉의 노래가 있습니다. 여자는 항구처럼 배인 남자를 붙잡아 두려 하고, 남자는 배처럼 이 항구 저 항구 떠돌아다니고 싶어 한다는 걸로 이해할 수 있는데요. 여기에서도 진화론적인 이유를 발견할 수 있습니다.

앞에서 우리는 주로 '생존'에 대해서 이야기했는데, 진화심리학에서 또 하나 중요한 것이 '번식'입니다. 여기에서 '유전자'라는 개념이 본격적으로 등장합니다. 모든 생물은 몸속에 수많은 유전자를 가지고 있습니다. 유전자는 각 생물의 특성들을 결정하지요. 예를 들어, 기린이 목이 긴 이유는 '목을 길게 만드는 유전자'를 가지고 있기 때문입니다. 몸의 무늬, 다리 길이, 꼬리 모양, 성격 등도 모두 각각에 해당되는 유전자를 지니고 있습니다. 이는 인간 역시 마찬가지입니다.

대머리인 사람은 '머리를 빠지게 만드는 유전자'를 지니고 있습니다. 다소 거칠게 말하자면, 코를 크게 만드는 유전자, 이목구비를 뚜렷하게 만드는 유전자, 다리를 짧게 만드는 유전자 역시 존재합니다. 진화심리학은 유전자가 인간의 성격, 즉 마음에도 적용된다고 말합니다. 다혈질인 사람, 자기 절제가 뛰어난 사람, 잘 웃는 사람, 바람둥이 기질을 가진 사람 등은 그에 맞는 유전자를 지니고 있습니다. 그렇다면, 우리 인간의 몸과 마음이란 결국 유전자의 조합이라고 볼 수 있겠지요.

진화심리학에서 번식이란 바로 이러한 유전자들을 후세에 전달하

우리 인간의 몸과 마음이란
결국 유전자의 조합이라고 볼 수 있겠지요.

는 것을 의미합니다. 모든 동물은 자기의 생존뿐만 아니라 이러한 유
전자 전달, 즉 번식이라는 대전제 위에서 살아갑니다. 어느 동물도 생
존과 번식이라는 두 전제에서 벗어날 수 없다는 것이지요. 진화심리
학에서 볼 때, 남자와 여자의 심리 차이는 번식 방식의 차이에서 발
생합니다.

남성은 자기의 정자가 많은 여성에게 뿌려지면 뿌려질수록 자기
유전자를 퍼뜨릴 확률이 높아집니다. 반면, 여성은 오랜 임신 기간을
거쳐야 하기 때문에 최대한 남자를 붙잡아 두어서 같이 아이를 기르
고자 하겠지요. 그래서 '남자는 배, 여자는 항구'라는 말이 적절한 비
유로 이해됩니다. 현대 사회에서는 '일부일처제'를 법적 제도로 만들
었지만, 사실 인간의 본능은 그러한 제도에 딱 맞지는 않는다는 것이
지요. 특히, 남성은 여기저기 정자를 뿌려서 여성을 임신시키고 싶은
본능을 참고 살게 되었다는 게 진화심리학의 주장입니다.

이상 간단하게 진화심리학에 대해 이야기해 보았습니다. 그렇다면,
이 책의 주제에 대해 이야기해야겠지요. 바로 '이타성'입니다. 당연하
게도, 진화심리학에서는 인간이 남을 돕는 것도 진화의 산물이라고
이야기합니다. 인간에게는 남을 돕는 본능이 진화해 왔다는 것이지
요. 실제로 최근의 이타성에 관한 연구는 대부분 진화심리학이 담당
하고 있다고 해도 과언이 아닙니다.

인간은 왜 타인을 돕도록 진화했을까요? 어찌되었든 그것이 생존

인간의 마음은 차 있을까, 비어 있을까

인간의 마음은 태어날 때부터 '가득 차' 있을까요, 아니면 '텅 비어' 있을까요? 황당한 질문처럼 들릴 수 있겠지만, 이는 철학에서 가장 중요한 논쟁거리 중 하나랍니다.

우선, 인간의 마음이 가득 차 있다는 건 우리가 태어날 때 이미 정해진 '영혼'을 부여받는다는 의미로 생각할 수 있습니다. 이런 이론을 지지할 경우, 한 예로 다음과 같은 주장이 가능합니다. 중세 시대에 왕은 왕의 피와 영혼을 가지고 태어나고, 귀족은 귀족의 피와 영혼, 천민은 천민의 피와 영혼을 가지고 태어나기에 신분 제도는 정당하다는 것이지요. 인간의 본성이 선하다거나 악하다고 보는 성선설이나 성악설 역시 인간의 마음이 태어날 때부터 채워져 있다는 생각에 바탕을 두고 있습니다. 선 혹은 악으로 가득 차 있다는 것이지요. 대표적으로 루소는 인간이 본래 선한 존재라고, 홉스는 인간이 본래 악한 존재라고 주장했습니다. 동양에서는 맹자가 성선설을, 순자가 성악설을 얘기했지요.

반대로, 인간의 마음이 텅 비어 있다는 주장이 있습니다. 그것이 바로 빈 서판(The Blank Slate) 이론이지요. 경험론자였던 영국의 철학자 로크(John Locke, 1632~1704)가 주장한 이 이론은 인간은 원래 비어 있는 서판과 같은 상태로 태어난다는 내용을 담고 있습니다. 이후 살아가면서 다양한 경험들이 쓰이면서 서판이 채워진다는 것이지요. 빈 서판 이론은 특히 신분 제도를 철폐하는 데 큰 공헌을 했습니다.

그렇다면, 진화심리학은 어떤 입장일까요? 당연하게도 진화심리학은 인간이 텅 비어 있다고 보지 않습니다. 인간 마음은 태어날 때부터 이미 프로그래밍되어 있으니까요. 진화심리학에서는 이렇게 원래 가득 차 있는 마음을 '본능'이라고 부릅니다. 그 본능이 어떤 것인지 탐색하는 게 진화심리학의 일이라 볼 수 있지요.

인간의 마음이 본래 어느 정도 채워져 있는 것이냐, 아니면 완전히 백지 상태냐 하는 문제는 여전히 중요한 쟁점입니다. 예를 들어, 남녀 차별은 '남자와 여자는 원래부터 다르다'는 전제를, 인종 차별은 '우월한 인종과 열등한 인종이 따로 있다'는 전제를 근거로 하고 있고, 이러한 근거는 인간의 영혼이 태어날 때부터 결정되어 있다는 주장에서 비롯합니다. 우리는 태어날 때부터 다를까요, 아니면 자라면서 서로 달라지는 걸까요?

과 번식에 유리했기 때문일 것입니다. 그런데 정확히 어떻게 유리한
가, 정확히 어떻게 진화했는가, 라는 문제에 대해서는 진화심리학자
들끼리의 다소 격렬한 논쟁이 있습니다. 대표적인 대립은 이기적 유
전자 이론가들과 집단선택 이론가들 사이에 있습니다. 이들은 비슷
하지만 어떻게 보면 전혀 다른 방식으로 인간의 이타성을 설명합니
다. 그 이야기를 한번 들어 보겠습니다.

이기적 유전자 유전자가 불멸하는 방법

우선, 우리가 살펴볼 것은 이기적 유전자 이론입니다. 이 이론은
리처드 도킨스(Richard Dawkins, 1941~)의 『이기적 유전자(The Selfish
Gene)』라는 책에 의해 큰 반향과 논란을 일으키며 대두되었습니다.
'이기적 유전자'라는 말을 들어 봤는지 모르겠는데, 사실 이 이론만
큼 쉽게 오해되는 이론도 드뭅니다. 그 도발적인 표현 때문에 많은 사
람이(심지어 다른 분야의 학자들도!) 이 이론이 마치 모든 인간은 이기적
이라는 주장을 담고 있다고 착각하곤 하시요. 그러나 실상은 조금 다
릅니다.

일단 이기적 유전자 이론을 이해하기 위해서는 '유전자'에 대해 알
필요가 있습니다. 이기적 유전자 이론에서, 유전자는 우리 몸 안에서

인간의 본능을 형성하는 궁극적 주인으로 묘사됩니다. 나와 너처럼 각각의 사람을 '개체'라고 하는데, 이 개체들은 사실 각자 몸속에 있는 유전자의 노예, 혹은 유전자를 위해 봉사하는 자동 기계나 자동 인형이라는 것이지요.

내 안에 나를 조종하는 존재가 있다고? 그럼 나는 뭐란 말이야? 내가 나를 위해서 살아간다고 생각했는데 알고 보면 내 유전자를 위해 살아가는 노예였단 말이야? 네, 극단적이긴 하지만 이기적 유전자 이론에 의하면 그 말이 크게 틀리지 않습니다. 조금 더 이야기를 진전시켜 보지요.

유전자는 불멸을 원합니다. 그런데 여기서 '불멸'의 개념을 잘 이해할 필요가 있습니다. 우리 인간에게 불멸이란, 내 몸이 내 정신과 함께 영원히 살아남는 걸 의미합니다. 내 정신만 쏙 빼서 다른 몸에 갈아탈 수는 없으니까요.

그런데 유전자에게는 불멸의 개념이 조금 다릅니다. 유전자는 꼭 '자기 자신'이 불멸하지 않아도 됩니다. 이게 무슨 말이냐 하면, 유전자는 자기를 하나 더 만들 수 있습니다. 그렇게 복제한 '자기 자신'도 똑같은 자기 자신입니다. 즉, 유전자는 복제를 통해서 불멸할 수 있습니다.

이러한 불멸 개념은 우리 인간에게는 참 이상합니다. 나랑 똑같은 나를 복제해서 만들어도, 그건 내가 아니니까요. 결국 '너 따로, 나 따로'일 게 분명합니다. 하나의 몸에 하나의 정신이 인간 존재의 원칙이 니까요. 그런데 유전자는 그렇지 않습니다. 유전자는 자기가 죽더라 도, 복제한 자기 자신이 살아남으면 '자기가 살아남았다'고 여깁니다. 이것이 통념을 깨는 이기적 유전자 이론의 가장 중요한 전제입니다.

자, 그럼 유전자가 어떻게 우리 개체들을 이용해서 불멸하는지 이 해가 좀 되나요? 유전자는 개체들이 서로 짝을 지어 만나서 아기를 낳게 만듭니다. 그러면 두 남녀의 유전자는 그 아기에게 각각 50%씩 복제됩니다. 우리 인간의 몸에 100개의 유전자가 있다고 치면, 각각 50개씩이 아기한테 복제된다는 것이지요. 그럼 개체는 죽을지언정, 유전자의 50%는 아기에게로 '몸만 갈아타서' 계속 살아남습니다.

아마 이쯤 들으시면, 어째서 이기적 유전자 이론을 대중화한 리처 드 도킨스가 그렇게 많은 사람들한테 비난을 들었는지 이해가 될 겁 니다. 아니, 내가 배우자와 사랑해서 아기를 낳고 살아가는 것을 유전 자의 전략이라고 이야기하다니? 그럼 나는, 내 아기는, 또 내 부모는 뭐가 되는 거야? 화가 나지 않을 리 없지요.

그럼에도 이러한 이론이 각광받은 것은 이제까지 설명하기 어려웠 던 자연계의 수많은 현상들을 명쾌하게 설명해 냈기 때문입니다. 예 를 들어 보겠습니다. 어느 수컷 사마귀는 암컷을 만나 교미를 하여 자기 유전자를 전달하고 난 다음에는, 암컷 사마귀에게 아무런 저항 없이 잡아먹힙니다. 그 이유는 자기가 잡아먹힘으로써 자신이 전달 유전자는 자기를 하나 더 만들 수 있습니다.
그렇게 복제한 '자기 자신'도 똑같은 자기 자신입니다.
즉, 유전자는 복제를 통해서
불멸할 수 있습니다.

한 유전자가 생존할 가능성이 매우 높아지기 때문입니다. 그 환경에서는 일단 수컷과 암컷이 만나는 일이 쉽지 않고 먹이도 부족하기 때문에, 수컷의 유전자 입장에서는 암컷한테 잡아먹히더라도 일단 교미에 성공하는 것이 유전자 전달에 더 유리한 것이지요.

우리는 흔히 '동물의 입장'을 생각하기 좋아합니다. 그러나 실제로 자기 입장이라는 걸 가질 수 있는 생물은 자연계 전체에서 극소수의 고등 동물에 불과합니다. 아니, 어쩌면 인간을 제외한 모든 동물은 자기 입장이라는 걸 가지기 어려울지도 모릅니다. 대부분의 동물은 살아남아서 최대한 유전자를 퍼뜨린 다음에 죽는 걸 삶의 목표로 두고 있습니다. 정확히 말해, 그 동물들이 지닌 유전자가 '자기 복제'라는 목적을 위해 그렇게 조종하고 있다고 볼 수 있지요.

이처럼 이기적 유전자 이론은 섣불리 인간에게 적용하기보다도, 동물이나 곤충에게 적용하면 이해하기 쉽습니다. 도킨스만 하더라도 인간이 유전자에게 100% 지배당하는 건 아니라고 이야기합니다. 단적인 예로, 아이를 낳지 않고 살아가는 사람들이 있지요. 유전자 입장에서는, 자기가 불릴하기 위해서 부모한테 아기를 만들게 했는데, 그 아기가 성인이 되어서도 번식을 하지 않는다? 그저 자기만 행복하게 살다가 죽으면 그만이라는 생각으로 살아간다? 속 터지는 일이 아닐 수 없습니다. 결국 유전자 자신도 그 개체와 함께 죽어야 하니까요. 불멸의 꿈은 물거품이 되고 마는 것이지요.

하지만 인간이 어느 정도는 유전자에 저항할 수 있다고 하더라도, 상당 부분은 유전자에 의해 지배당할 수밖에 없습니다. 우리를 규정하는 무수한 본능들은 여전히 유전자 차원에서 이미 결정되어 있는 것처럼 보입니다. '사람은 왜 서로 도울까'라는 질문, 즉 인간의 이타성에 대한 물음도 유전자 중심으로 생각하면 하나의 대답을 얻을 수 있습니다. 사람이 남을 돕는다면, 그 이유는 유전자의 생존과 복제, 즉 불멸에 도움이 되기 때문입니다.

 혈연선택 일개미가 일만 하다 죽어도 불만 없는 이유

여기에서 우리는 '혈연선택 가설'을 점검해 볼 필요가 있습니다. 비록 도킨스가 전적으로 동의한 이론은 아니지만, 위에서 설명한 '유전자 중심으로 생각하기'와 관련성이 매우 깊기 때문입니다. 혈연선택 가설은 진화생물학자 윌리엄 해밀턴(William Donald Hamilton, 1936~2000)에 의해 제기되었는데, 인간의 이타성을 설명하는 중요한 이론으로 여겨져 왔습니다.

복잡한 수식이 동원되긴 하지만, 이 이론의 기본은 간단합니다. 아마 아무리 인산이 이기적인 존재라고 주장하는 사람이라 하더라도, 자식에 대한 부모의 헌신이 가짜라고 말하기는 쉽지 않을 것입니다.

수많은 부모가 자신의 시간, 노력, 돈뿐만 아니라 때론 삶 전체나 목숨까지 자식을 위해 희생합니다. 이를 심리학적 이기주의에 따라 '부모 자신이 그렇게 하면 기분이 좋기 때문이다.'라든가, 경제학적 이기주의에 따라 '결국 그것이 부모 자신의 노후에 도움이 되므로 이익이다.'라는 식으로 말하긴 쉽지 않을 것입니다. 이는 분명 자신의 모든 것을 걸고 헌신하는 이타주의에 가까워 보입니다.

혈연선택 가설은 부모가 자식에게 헌신하는 이유가 유전자 때문이라고 말합니다. 유전자 입장에서는 이미 충분한 수의 자식을 낳아 번식을 하게 되면, 부모보다는 그 자식의 생존이 훨씬 중요해집니다. 부모는 머지않아 죽을 테고 그럼 그 안에 있는 유전자도 같이 죽을 테니까요. 중요한 건 이 새로운 개체들(자식들)이 살아남아 더 많은 번식을 해서(유전자를 복제해서) 유전자의 불멸에 기여하는 것입니다. 그러므로 당연히 부모는 자식들을 위해 희생하도록 유전자가 프로그래밍을 해 둔 것이지요.

경악스러운 설명이 아닐 수 없습니다! 부모의 자식을 향한 사랑이 알고 보면 유전자의 조작이었다니? 혹은 그토록 밤낮없이 일하며 자식을 키운 부모의 헌신이 유전자가 자기 불멸을 위해 내린 명령 때문이었다니? 실제로 이러한 설명은 여전히 많은 반발을 일으키고 있습니다.

그럼에도 과학이란 우리가 실제로 삶에서 느끼는 것, 우리 스스로 의미 부여를 하는 것과는 별개로 단순하고 명쾌한 이론을 추구합니다. 이처럼 단순한 이론으로 설명할 수 있는 현상들이 매우 풍성하다면, 그 이론의 입지는 단단해질 수밖에 없습니다. 혈연선택 가설은 특히 꿀벌이나 개미 집단을 설명할 때 강력한 설득력을 발휘합니다.

일개미나 일벌은 왜 번식도 할 수 없는데 그렇게 평생 한 몸 희생해서 일만 하다 죽는 것일까요? 일개미나 일벌의 유전자는 불멸하지 않아도 괜찮다는 것일까요? 혈연선택에 의하면 그렇지 않습니다. 일개미나 일벌의 유전자는 이미 여왕개미나 여왕벌에게도 있기 때문이지요. 유전자 입장에서, 번식은 여왕개미나 여왕벌을 통해서 하면 그만입니다. 유전자는 일개미나 일벌을 말 그대로 일만 하다 죽는 노예로 만들어 버린 셈이지요. 일개미나 일벌 입장에서도, 자기 유전자의 번식을 여왕개미나 여왕벌이 해 주니까 일만 하다 죽어도 상관없습니다. 실로 '개체는 유전자의 노예다.'라는 설명이 딱 맞아떨어지는 예가 아닐 수 없지요.

혈연선택 가설은 꿀벌이나 개미처럼 유전자를 공유하는 '가족 집단'의 희생과 헌신, 이타성을 설명하는 데 매우 적합해 보입니다. 우리 인간 역시 아무리 이기적이라 하더라도 가족한테만큼은 헌신적인 경우가 많습니다.

그럼에도 혈연선택 가설은 누구나 생각할 수 있는 뚜렷한 한계점도 가지고 있습니다. 세상에는 가족만 챙기고, 돕고, 사랑하는 사람도 있지만, 그렇지 않은 사람도 많다는 점이지요. 우리는 자기 유전자와는 아무런 관련이 없는 사람을 위해서도 희생하는 사람들의 이야기를 매일같이 듣고 있습니다. 동물 종 중에서도 가족 집단이 아님에도 서로 도우며 살아가는 동물 집단이 무척 많습니다. 심지어 자기를 희생하는 경우도 많지요.

그래서 이기적 유전자 이론은 더 설득력 있는 가설을 필요로 하게 됩니다. 그럼 이제 '호혜적 이타주의'에 관한 이야기를 들어 보겠습니다.

 호혜적 이타주의 눈에는 눈, 이에는 이!

'호혜적 이타주의'라는 말은 어쩐지 어렵게 들립니다. 그러나 이 이론 역시 그 기본은 무척 상시적입니다. 호혜라는 말은 상호 혜택을 얻는다는 뜻입니다. 즉, 어떤 일을 할 때 그 일이 나에게도 너에게도 모두 더 이익이 된다면 그 일은 호혜적인 일입니다. 이기적 유전자 이론에 따르면, 우리가 남을 돕는 이유는 자신의 이익만 추구할 때보다 서로의 이익을 추구할 때, 결과적으로 상대방에게도 나에게도 더 이

일개미나 일벌은 왜 번식도 할 수 없는데
그렇게 평생 한 몸 희생해서 일만 하다 죽는 것일까요?
일개미나 일벌의 유전자는
불멸하지 않아도 괜찮다는 것일까요?

익이 되기 때문입니다.

이 이론은 처음에 로버트 트리버스(Robert Trivers, 1943~)라는 진화생물학자에 의해 제기되었습니다. 이는 그 이후 로버트 액설로드(Robert Axelrod)가 제시한 '눈에는 눈, 이에는 이(Tit for Tat) 전략'과 거의 흡사합니다. 이 전략은 우리가 살아가면서 인생을 하나의 게임이라고 가정했을 때, 어떤 태도를 취하는 것이 가장 이득을 주는가에 대한 답을 줍니다. 전략의 이름 그대로, '눈에는 눈, 이에는 이'로 대응하라는 것이지요.

간단히 말해, 이 전략은 상대가 나에게 선물을 주면 나도 선물을 주고, 상대가 나를 배신하면 나도 배신하라는 것입니다. 조금 더 자세히 말하면, 내가 상대방을 믿어 줄 때 상대 역시 계속해서 나를 믿어 준다면 그 믿음을 유지합니다. 그러다가 어느 날 상대가 나를 배신하면 나 역시 배신하는 것이지요. 하지만 만약에 상대방이 곧 잘못을 뉘우치고 다시 내게 협력한다면, 한 번 용서합니다. 이러한 식으로 대응하다 보면 다른 모든 방식보다 결과적으로는 가장 큰 이익을 얻게 된다는 것입니다.

이처럼 특정한 조건에서 특정한 태도로 '게임'을 하여 진화를 탐구하는 방식을 '진화적 게임 이론'이라고 합니다. 그중 '눈에는 눈, 이에는 이'는 가장 단순하면서도 큰 이익을 보장받는 전략으로 각광받았습니다. 물론, 그 뒤에 이 전략에도 약점이 발견되어 계속해서 반론과

수정이 일어나지만, 그 기본은 상호성입니다. "네가 나에게 선물을 주면, 나도 너에게 선물을 줄 것이다. 그렇게 우리가 서로 돕고 살아가면 우리 모두에게 이득이 된다."라는 것이지요.

이기적 유전자 이론을 지지하는 학자들이 이 이론을 얼마나 좋아했을지는 쉽게 상상이 갑니다. 결국 모든 개체는 유전자의 집합체이고, 결과적으로 유전자의 이익을 위해 살아간다는 전제가 단단하게 유지될 수 있기 때문이지요. 이 이론에 의하면, 내 유전자의 불멸에 도움이 되는 한, 우리는 남을 돕습니다. 설령 가족이 아니라고 할지라도 말이지요.

이러한 방식은 우리 삶을 설명하는 데도 매우 탁월합니다. 한번 곰곰이 생각해 봅시다. 내가 친구를 믿고 돕는 것은 친구 역시 언젠가 나를 도와주리라는 기대가 내심 있기 때문이 아닐까요? 특히, 현대 사회의 기업들은 철저하게 이러한 방식에 따라 움직이지요. 상호 이익이 되지 않는 사업은 누구도 하지 않을 것입니다.

호혜적 전략은 한 발 더 나아갈 수도 있습니다. 예를 들어, 내게 이익을 줄 가능성이 전혀 없는 사람을 돕는 경우를 생각해 봅시다. 큰 금액을 기부하거나, 가난한 사람을 돕거나, 평생 다시 보지 않을 사람을 돕는 경우를 생각해 보는 것이지요. 언뜻 보기엔 호혜적 이타주의와 아무 관련 없을 것 같아 보이는 이런 경우에도, 그 사람은 분명 이익을 얻을 가능성이 높습니다. 바로 '평판'이라는 이익이지요.

'도덕적이고 본받을 만한 사람이다.'라는 평판은 때론 지금 당장의 이익보다 훨씬 큰 이익을 가져다줄 수 있습니다. 유명해져서 텔레비전에 나갈 수도 있고, 존경을 받아 책을 쓰거나 강연을 할 수도 있겠지요. 또한 주변 사람들로부터 신뢰를 얻어 꼭 필요한 순간에 도움을 받을 수도 있을 겁니다. 그렇게 보면, 당장 이익이 없더라도 남을 도와서 평판을 구입하는 것 역시 호혜적 이타주의로 볼 수 있습니다.

이기적 유전자 이론에서는 우리가 바로 그러한 방식으로 진화했다고 말합니다. 남을 돕긴 돕되 결과적으로 자기에게 더 큰 이익을 돌려받는 방식으로 말이지요. 이 정도까지 이야기를 듣고 나면, 정말로 이기적 유전자 이론이 인간 이타성에 대한 모든 것을 설명해 버린 것처럼 느껴지기도 합니다.

그러나 사실 진화심리학자들 중에서도 이러한 이론에 저항하는 이들이 있습니다. 바로 '집단선택론'을 지지하는 학자들입니다. 그럼 이야기를 조금 더 풀어 보겠습니다.

집단선택 야구에서 희생타의 비밀

사실 진화심리학에서 '집단선택 이론'은 1970년대 이기적 유전자 이론의 부상과 함께 급격히 학계에서 밀려났습니다. 우리가 지금까

큰 금액을 기부하거나, 가난한 사람을 돕거나,
평생 다시 보지 않을 사람을 돕는 경우를
생각해 보는 것이지요.
언뜻 보기엔 호혜적 이타주의와
아무 관련 없을 것 같아 보이는 이런 경우에도,
그 사람은 분명 이익을 얻을 가능성이 높습니다.
바로 '평판'이라는 이익이지요.

지 살펴본 이기적 유전자 이론은 주로 개인들(개체들) 간의 상호 투쟁
및 상호 이익을 위한 협력이 진화를 이끌어 온 원동력이었다고 말합
니다. 그 결정판이 바로 앞에서 살펴본 호혜적 이타주의였지요. 호혜
적 이타주의는 개체들이 각자의 생존과 번식에 서로 도움이 되기 때
문에 이타성을 진화시켜 왔다는 강력한 전제를 두고 있습니다.

반면 집단선택은 인간이나 그 외 다른 생물들이 서로를 돕거나 자
기를 희생하는 이유가 자신이 속한 집단을 위해서라고 주장합니다.
중요한 것은 여기서 '집단'이 혈연선택에서 말하는 것처럼 유전자를
공유하는 끈끈한 친족 관계 집단은 아니라는 것이지요. 설령, 자기와
유전적 이익을 공유하지 않더라도(친족 관계가 아니더라도) 자기가 속한
집단을 위해 이타심을 발휘할 수 있다는 게 집단선택 이론가의 생각
입니다.

이기적 유전자 이론가들이 이 생각을 얼마나 싫어했으며 나아가
우습게 여겼을지는 쉽게 짐작할 수 있습니다. 우리는 앞에서 이기적
유전자 이론이 '유전자의 이익'에 초점을 맞춘 이론이라는 점을 살펴
보았습니다. 그런데, 이때 유진지의 이익이란 사실 그 유전자가 속한
개체의 이익과 거의 흡사합니다. 자기와 같은 유전자를 공유하는 가
족이나 친척을 제외한다면, 즉 피가 섞이지 않은 사람들과의 관계에
서 '이타성'은 오직 자기 자신에게도 이익이 될 때만 발휘된다는 게
이들의 주장이었으니까요. 이들에 의하면, 유전자는 물론이고 인간

개개인도 마음 깊은 곳에서는 이기적입니다.

그러나 집단선택 이론은 인간이 이기적이지 않을 수도 있다고 말합니다. 집단을 위해 희생하는 인간이라니, 어떻게 이기적이어야 하는 인간이 그럴 수 있겠습니까? 이기적 유전자 이론가들이 보기에, 이것이야말로 인간은 '이타적 존재다.'라고 슬그머니 말해 버리는 파렴치한 주장이 아닐 수 없지요!

1970년대 이후 '인간은 이기적이다.'라는 주장이 끊임없이 이어져 왔고 커다란 영향력을 행사했음에도 집단선택 이론 역시 조용하고 꾸준하게 발전됩니다. 이 책에서도 그런 노력을 이야기해 보고자 합니다. 딱히 누구 편을 들자는 건 아니지만, 집단선택을 허무맹랑한 사기꾼의 이야기라고 여기는 이기적 유전자 이론가들이 다소 아니꼽게 보이는 건 사실입니다.

집단선택 이론을 주장하는 학자들은 비교적 온건합니다. 이들은 주로 '다차원선택'을 이야기하는데, 즉 이기적 유전자 이론의 개체 중심적 생각이 옳은 경우도 있지만, 집단선택 역시 일어날 수 있다고 주장합니다. 우리가 앞에서 살펴봤던 다른 이론처럼, 집단선택 이론 또한 그 기본은 아주 상식적이고 간단합니다.

우리가 가장 흔하게 또 즐겁게 남을 돕는 경우를 한번 생각해 봅시다. 아마 스포츠나 게임이 아닐까요? 축구나 농구, 야구 같은 스포츠에서는 같은 팀원을 돕는 게 승리의 핵심입니다. 설령 자기가 골을

축구나 농구, 야구 같은 스포츠에서는
같은 팀원을 돕는 게 승리의 핵심입니다.
설령 자기가 골을 넣지 못해도
수비에 열을 올리거나, 결정적인 패스를 해 주거나,
자기 하나 희생해서 주자를 홈으로 불러들여야 하지요.

넣지 못해도 수비에 열을 올리거나, 결정적인 패스를 해 주거나, 자기 하나 희생해 주자를 홈으로 불러들여야 하지요. 그럴 땐, 꼭 자기가 직접 점수를 따내지 못해도 마치 자신이 득점을 해낸 것처럼 기쁩니다.

게임도 마찬가지입니다. 요즘에는 특히 인터넷이 발달하면서 함께 팀을 이루는 게임들이 많아졌지요. 여럿이 팀을 이루어 강력한 몬스터를 잡는 게임에는 팀원을 돕기만 하는 역할의 힐러(Healer)가 반드시 있습니다. 팀을 나누어 총싸움을 하거나 전쟁을 하는 게임에는 앞에 나서서 상대의 공격을 막아 주는 탱커(Tanker)라든가 뒤에서 팀원들을 도와주는 서포터(Supporter)가 있지요. 이들은 모두 자기 팀의 승리를 위해 기꺼이 희생합니다.

집단선택 이론은 바로 이처럼 집단과 집단이 서로 경쟁하는 과정에서 인간의 이타성이 발전해 왔다고 주장합니다. 과거에 무수한 집단들이 서로 분투하던 시절에는 자기 집단의 생존이 곧 자기 생존뿐만 아니라 자기 가족 및 친척의 생존과도 연관되어 있었겠지요. 그 결과, 인간은 자기 집단을 위해 희생하거나 집단 구성원을 적극적으로 도와야 했을 것입니다. 그러다보니 자연스럽게 이기적인 구성원으로 이루어진 집단보다 이타적인 집단이 살아남았다는 것이 집단선택론자의 주장입니다.

중요한 것은 여기서 단순히 서로에게 이타적인 사람들이 살아남은

게 아니라는 점입니다. 이는 여전히 '호혜적 이타주의'로 설명 가능합니다. 더 중요한 점은 인간이 정말로 '자기 자신'보다 '집단'을 지향할 수 있느냐의 문제입니다. 이를 '집단 관련 적응'이라고 하는데, 인간이 자기 자신의 이익이 아니라 집단의 이익을 위해 진심으로 몸과 마음을 바치는 게 가능한가, 라는 것이지요. 만약 그것이 가능하다면, 이기적 유전자 이론의 대전제는 흔들리고 맙니다. '사람은 왜 돕는가? 그건 자기가 속한 집단을 위해서이다.'라는 결론만큼 그들에게 치명적인 주장은 없지요. 이런 결론은 '인간은 뼛속 깊이 이기주의자'라는 명제에 균열을 일으켜 다음과 같은 애매모호한 문장을 만들어 버립니다. '인간의 뼛속에는 이기주의자와 이타주의자가 반반씩 들어 있다.'

그렇기에 집단선택은 여전히 큰 논란거리이고, 이단적이면서도 중요한 이론입니다. 집단선택이 과연 존재하느냐, 인간에게 일어난 적이 있느냐 없느냐는 아직도 논쟁 중입니다. 여기에서는 어느 한 쪽으로 확정을 내리기보다는, 집단선택의 가능성을 짐작할 수 있는 몇 가지 근거를 들어 볼까 합니다.

첫째는, 인간이 고독한 독수리보다는 벌이나 개미를 더 닮았다는 사실입니다. 역사 속 많은 예술가나 철학자가 고독한 존재로서의 인간을 주목하고 표현했으며, 하늘을 나는 앨버트로스나 킬리만자로의 표범을 부러워하면서 고고하게 살아가는 삶을 꿈꾸곤 했습니다. 하지만 대부분의 사람은 물론, 그런 꿈을 꾸던 이들조차 다른 사람들과 함께 살 수밖에 없었습니다. 실로 인간은 사회적 동물이었던 것이지요.

인간은 여러 점에서 벌과 닮았습니다. 우선, 텃세를 부리는 생물이며 동굴이나 집 같은 자기만의 보금자리를 가지고 지킨다는 점에서 그렇습니다. 또, 엄청나게 오랜 시간을 투자하여 자식을 돌봐야 한다는 점에서도 그렇지요. 항상 주변의 다른 집단과 싸우고 경쟁해야 한다는 점도 벌과 유사합니다. 정글이나 절벽 위에서 홀로 살아가는 존재가 아니라 벌처럼 서로 뭉쳐서 보금자리를 지키며 살아가야 한다는 점 또한 우리 인간이 군체 생물에 가깝다는 것을 말해 줍니다. 이런 특성이야말로 집단선택이 일어나는 매우 중요한 전제였으리라는 추측입니다.

두 번째는, 인간에게는 다른 동물이 갖고 있지 않은 면모가 있는데, 바로 문화적 존재이자 상징적 존재라는 점입니다. 이런 생각은 앞에서 우리가 줄곧 해 왔던 '유전자 중심으로 생각하기'에 한 가지 요소를 더한다는 점에서 흥미롭습니다. 즉, 우리 인간은 상징을 지향한다는 것입니다. 가령, 과거 부족 사회에는 곰이든, 호랑이든, 사자든 각기 그들만의 상징이 있었지요. 그리고 하나의 상징을 공유하면 '가족'이라고 생각할 수 있었습니다. 나와 '피가 섞이지 않았더라도' 같은 상징을 공유하면 그 사람 역시 가족이 되는 것이지요.

이는 유전자 중심의 혈연선택을 넘어서는 주장입니다. 혈연선택에서는 어쨌든 나와 유전자를 조금이라도 공유하는 사람에게 이타심을 느끼지요. 그러나 집단선택에서는 나와 같은 '상징'만 공유해도 그 사람을 도울 수 있고, 심지어 그 사람을 위해 자기를 희생할 수도 있습니다. 백범 김구 선생이나 안중근 의사가 가족이나 친척을 위해서가 아니라, '대한민국'이라는 상징(국가와 민족)을 위해 한평생 자기를 희생했듯이 말이지요.

이를 '유전자와 문화의 공진화'라고 합니다. 즉, 우리의 문화적 조건에도 유전자가 적응하여 마음을 진화시킬 수 있다는 것입니다. 이러한 측면에는 확실히 앞에서 봤던 '혈연선택'이나 '호혜적 이타주의' 그 이상의 무엇이 있어 보입니다. 자기 부족을 위해, 민족을 위해, 국가를 위해 기꺼이 자신을 희생하는 사람들이 지금껏 얼마나 많았나요? 그들을 설명하기에 가장 적합한 진화심리학적 접근이 '집단선택' 일 수 있다는 것이 터무니없는 소리로 들리지는 않습니다.

세 번째는, 기존 학계에서의 통념과 달리 진화가 상당히 빠른 시간 안에 일어날 수도 있다는 점입니다. 일반적으로 진화심리학에서는 인간 깊숙한 곳의 마음, 즉 본능이 수십만 년 전에 이미 진화가 끝나서 수렵채집 시대의 인간과 같다고 가정합니다. 그러나 '유전자와 문화의 공진화' 관점에서는 진화가 오히려 가장 최근까지 일어나고 있습니다. 새로운 세대의 아이들을 보면서 어른들이 "요즘 아이들은 우리와 유전자가 아예 다른 것 같아."라는 말을 심심찮게 하는 것처럼

하늘을 나는 앨버트로스나
킬리만자로의 표범을 부러워하면서
고고하게 살아가는 삶을 꿈꾸곤 했습니다.
하지만 대부분의 사람들은 물론,
그런 꿈을 꾸던 이들조차
다른 사람들과 함께 살 수밖에 없었습니다.
실로 인간은 '사회적 동물'이었던 것이지요.

말이지요.

실제로 몇 가지 실험들은 진화가 굉장히 빠른 속도로 일어날 수 있음을 보여 주기도 합니다. 드미트리 벨라예프(Dmitri Belyaev, 1917~1985)는 온순한 은여우 몇 마리를 골라서 집중적으로 교배를 시켰는데, 머지않아 너무 온순한 여우들이 태어나서 애완동물로 키우기에 아무런 무리가 없을 정도였습니다. 인간은 당연히 이보다는 오래 걸리겠지만, 적어도 수십만 년간 전혀 진화하지 않았다는 말이 사실이 아닐 수도 있음을 알려 주는 실험이었지요.

이렇게 우리는 인간의 이타성을 설명하는 가장 중요한 진화심리학 이론들을 살펴보았습니다. 그러나 여전히 헷갈립니다. 이기적 유전자? 혈연선택? 호혜적 이타주의? 집단선택? 결국 무엇이 옳다는 거야? 라는 생각이 들지 않을 수 없습니다. 실제로, 이 작은 책에서 그 중 무엇이 옳다고 섣부르게 결정을 내리는 건 별로 좋은 생각이 아니겠지요.

그래서 마지막으로 그 이론들을 모두 종합한 이론가의 이야기를 들려 드릴까 합니다. 이 모든 이론들을 인정하고 종합한 이론가들을 가리켜 다차원선택 이론가라고 부를 수 있습니다. 앞서 살펴본 다양한 방식들이 모두 인간 마음을 형성하는 데 기여했다고 주장하는 것이지요. 진화심리학 이야기를 마무리하며 언급하기에는 더없이 좋은 방식입니다.

은여우 이야기

1959년, 구소련의 유전학자 드미트리 벨라예프는 진화심리학의 대전제를 흔들 만한 중요한 실험을 하게 됩니다. 그 실험은 바로 야생 은여우들을 잡아서 집중적으로 교배하는 것이었습니다. 실험 방법은 간단합니다. 여우들 중에는 사람한테 적대적이어서 도망치거나 공격하는 부류, 만지게는 해 주지만 시니컬한 부류, 또 사람을 좋아하여 다가오는 부류가 있었습니다. 그중에서 마지막 부류, 즉 사람을 좋아하고 온순한 은여우들만을 골라서 집중적으로 교배하는 실험을 했던 것이지요.

그렇게 온순한 암컷과 수컷이 짝을 맺고 교배를 하자 6세대 만에 새로운 부류의 은여우들이 생겨났습니다. 마치 강아지처럼 사람을 보면 좋아서 어쩔 줄 모르고, 애교를 부리고, 사람에게 안기고 싶어 하는 여우가 탄생한 것이지요. 이러한 부류는 점점 늘어나기 시작해서, 30세대 정도에 이르자 전체 실험군의 80%에 가까운 여우가 강아지처럼 되어 버렸습니다. 말 그대로, 여우에서 개로 진화해 버린 것이지요.

더 흥미로운 점은 여우들이 단순히 성격만 변한 게 아니라는 데 있습니다. 성격이 개처럼 변한 여우들은 외양까지 개와 같아졌습니다. 은빛 털 대신 검고 하얀 얼룩 반점이 생겨났으며, 쫑긋하고 단단한 귀도 개처럼 펄럭거리게 되었고, 아래로 축 늘어져 있던 꼬리도 개의 꼬리처럼 위로 말려 올라가게 되었습니다. 게다가 발정기의 주기나 울음소리까지 개와 같이 변했지요.

1959년에 시작된 이 실험은 벨라예프가 사망한 1985년 이후에도 계속되어 지금까지 이어지고 있습니다. 이 실험이 충격적이었던 건 진화가 '이토록 빠른' 시간 안에도 일어날 수 있다는 점이 확실해졌기 때문입니다. 원래 일반적인 진화심리학에서 인간의 마음은 수백만 년에 걸쳐 서서히 진화하기에, 지금 현대인의 마음이 수십만 년 전의 '수렵채집 시절'과 같다고 말합니다. 그러나 몇 가지 조건만 있으면 이토록 순식간에 진화가 일어날 수 있다는 점이 확인된 만큼, 그러한 진화심리학의 대전제는 흔들릴 수밖에 없는 것이지요.

물론, 이 실험에도 약점은 있습니다. 인위적으로 구성한 실험 환경에서와 달리 자연 환경에서는 이처럼 제한된 공간 안에서 특정한 종류의 개체들끼리 집중적으로 교배되는 일이 일어나기 쉽지 않다는 것이지요.

그럼에도 이 실험은 진화심리학이 계속되는 새로운 실험과 발견을 통해 흔들리고, 수정되며, 발전하고 있다는 사실을 보여 줍니다. 아직 인간 마음의 진실은 누구도 알 수 없는 것이지요. 실제로 진화심리학 내부에서도 다양한 학파들이 생겨나고 논쟁하면서 '진리'를 찾아 나가고 있습니다. 어쩌면 학문의 매력이란 그런 데 있을지도 모릅니다. 영원한 진리 같은 것은 없다, 다만 진리를 찾아 나서는 멋진 여행만이 있을 뿐이다, 라는 점에서 말이지요.

바른 마음 인간 마음의 소프트웨어

마지막으로 소개해 드릴 진화심리학자는 『바른 마음(The righteous mind)』이라는 책을 쓴 조너선 하이트(Jonathan Haidt, 1963~)입니다. 이 책은 앞에서 우리가 이야기한 다양한 이론들을 한데 모아서 사람이 왜 남을 돕는지를 해명했다고 볼 수 있습니다. 정확히 말하면, '도덕성'에 대한 책이지만 여기에서는 그 일부만 이타성에 대한 이야기로 재해석해 볼까 합니다.

우선, 그의 책 제목에서 '마음'이란 단어는 대단히 중요합니다. 진화심리학이 기존 심리학과 가장 크게 차이 나는 특징은 인간에게 '마음'이 이미 프로그래밍되어 있다고 본다는 점이지요. 이렇게 '이미 프로그래밍되어 있는 마음'을 '본능'이라고 하는 것입니다. 조너선 하이트는 인간에게 '도덕성' 즉 '이타성'이 이미 프로그래밍되어 있다고 보고 있습니다. 기본적으로 그 도덕적 마음은 배려/피해, 공평성/부정, 충성심/배신, 권위/전복, 고귀함/추함이라는 다섯 가지 기제를 가지고 있지요. 여기에서는 앞의 세 가지 기제만을 살펴보려고 합니다. 먼저 뒤의 표를 볼까요.

복잡해 보이는 표이지만 내용은 생각보다 어렵지 않습니다. 우선, 이 표에는 원래 조너선 하이트가 제시했던 권위/전복, 고귀함/추함 기제는 빠져 있습니다. 우리의 주제인 '이타성'과는 다소 관련이 적기

	배려/피해	공평성/부정	충성심/배신
적응 도전 과제	아이들을 보호하고 보살핌	쌍방향의 주고받기 관계에서 이득을 얻음	단결력 있는 연합을 구성함
본래적 동인	자식이 고통스러워 하거나 무언가 필요함을 표현함	부정행위, 협동, 사기	집단에 대한 위협이나 도전
통용적 동인	새끼 바다표범, 귀여운 만화 캐릭터	결혼 생활에서의 정절, 고장 난 자동판매기	스포츠 팀, 국가
특징적 감정	동정심	분노, 감사, 죄책감	집단에 대한 긍지, 배신자에 대한 격분
관련 덕목	배려, 친절	공평성, 정의, 신뢰	충성심, 애국심, 자기 희생

때문이지요. 반면, 표에 나온 배려/피해, 공평성/부정, 충성심/배신 기제는 우리가 지금까지 이야기해 왔던 내용들을 거의 그대로 담고 있습니다.

우선, 배려/피해 기제는 앞에서 이야기했던 '혈연선택'과 연관됩니다. 사람들은 누구나 자기 자식이나 친척의 아이를 귀여워하고 사랑하지요. 특히 혈연선택 이론에 따르면, 그 아이는 우리 안의 유전자가 복제된 존재들이기 때문입니다. 유전자가 '자기의 불멸을 위하여' 우리에게 그 아이들을 귀여워하도록 프로그래밍해 둔 것이지요. 그래야 자기 아이를 더 잘 보살필 수 있을 테니까요.

그런데 흥미로운 점은 우리 인간이 자기 아이뿐만 아니라 남의 아이도, 심지어는 다른 동물의 새끼들까지 귀여워한다는 점입니다. 나아가 새끼 고양이를 거두어서 기르거나, 동물 보호를 위해 힘을 쏟기도 하지요. 자기 자식에 대한 애정과 고양이 새끼에 대한 애정은 전혀 다른 것 같지만, 진화심리학에서는 같은 마음의 결과로 봅니다. 애초에 자기 아이를 사랑하기 위해 세팅된 프로그램이 다른 동물 새끼들에게도 적용된 것이지요. 여기에서 나오는 감정이 바로 '동정심'입니다.

동정심은 우리가 남을 돕는 강력한 원천입니다. 텔레비전 프로그램에서 힘들게 살아가는 사람들의 모습을 보여 주면, 수많은 사람들이 성금 모으기 ARS에 참여하지요. 그 이유는 약한 존재에 대한 동정심이 자극 받기 때문입니다. 그 '약한 존재'에 대한 마음, 즉 배려와 친절의 원천이 어디에 있느냐? 라고 한다면, 역시 '우리의 자식'이라는 게 혈연선택의 설명입니다.

두 번째로, 공평성/부정 기제는 앞에서 살펴봤던 '호혜적 이타주의'와 관련됩니다. '눈에는 눈, 이에는 이(Tit for Tat)' 전략을 기억하나요? 내가 사과 두 개를 주었으면, 배 두 개를 받아야 한다는 것이지요. 만약 상대가 배 한 개만을 준다면 우리는 그 사람이 '공평하지 않다'고 생각할 겁니다. 그럼 더 이상 그 사람과 거래를 하지 않겠지요. 복수를 하는 겁니다.

이처럼 공평성을 추구하는 마음 역시 우리 인간에게 프로그래밍되어 있습니다. 우리는 공평성을 추구하기 때문에 남을 도와야 한다고 느끼곤 합니다. 예를 들어, 내가 어떤 공사장에서 일을 하는데, 덩치도 작고 순진해 보이는 사람과 함께 일하게 되었다고 가정해 봅시다. 그 사람은 나보다 약해 보이지만 열심히 노력하여 나와 같은 시간 동안 같은 일을 했습니다. 그런데 하루가 끝나고, 덩치 큰 담당자가 와서 나한테는 10만 원을 주는데 그 사람한테는 1만 원만 주었다고 해 봅시다. 비록 내가 피해를 당한 게 아니더라도 나는 그 일이 불공평하다고 생각해서 분노를 느낄 겁니다. 그래서 그 사람을 대신해서 담당자한테 따지거나, 아니면 속으로 울분을 참거나, 그 사람에게 약간의 돈을 나눠 줄 수도 있겠지요.

공평성은 우리 사회의 가장 중요한 정의(Justice) 중 하나입니다. 정의롭다는 건 무엇일까요? 여러 가지 설명이 있을 수 있겠지만, '공평해야 한다.'라는 명제를 빼놓을 수 없을 겁니다. 이와 같은 정의는 우리가 누군가를 돕고 싶게 만드는 중요한 원동력입니다. 마틴 루서 킹(Martin Luther King, 1929~1968) 목사는 흑인이 백인과 공평하게 대우받아야 한다는 믿음을 실현하기 위해 한평생을 바쳐 싸웠지요. 그는 결과적으로 엄청나게 많은 흑인들을 도왔습니다.

세 번째로, 충성심/배신 기제는 우리가 마지막으로 봤던 '집단선택'과 밀접한 관계를 맺습니다. 집단선택은 자연선택의 단위가 개체가 아닌 집단이 될 수도 있다고 본다는 점에서 차별화됩니다. 집단 생

자기 자식에 대한 애정과 고양이 새끼에 대한 애정은
진화심리학에서는 같은 마음의 결과로 봅니다.
애초에 자기 아이를 사랑하기 위해 세팅된 프로그램이
다른 동물 새끼들에게도 적용된 것이지요.
여기에서 나오는 감정이 바로 '동정심'입니다.

존에 좋은 조건의 인간들이 살아남았을 거라는 것이지요. 축구 경기로 따진다면, 우수한 선수들로 이루어진 팀보다 서로 잘 돕는 선수들로 구성된 팀이 우승할 거라고 보는 겁니다.

이 이론에 따르면, 인간은 자기 집단에 충성하고 집단을 위해 헌신하도록 프로그래밍되었습니다. 대표적인 경우가 독립운동가들이겠지요. 아마 국사 교과서를 읽으면서, 그분들이 존경스러우면서도 이해가 안 된다는 생각을 한 번쯤 해 보았을 겁니다. 어째서 독립운동가들은 자기 목숨까지 걸어 가며 처절하게 일본에 저항했을까요? 진화심리학의 대답은 다소 냉정합니다. 그런 본능이 인간에게 있기 때문이라는 것이지요.

정리하자면, 진화심리학에서 '사람은 왜 서로 도울까'에 대한 대답은 세 가지로 요약됩니다. 첫째는, 내 자식에 대한 마음으로 돕는다는 것이고, 두 번째는, 서로에게 이익이 되는 마음이 발달한 결과라는 것이고, 세 번째는, 집단에 헌신하는 마음이 발전하였기 때문이라는 것이지요. 무엇이 되었든, 진화심리학에서 인간 행동을 설명하는 가장 기본이 되는 선세는 '본능'입니다. 우리는 남을 돕는 본능을 가지도록 진화했다는 것이지요.

진화심리학을 넘어서

진화심리학이 재미있는 이유는 '본능'이라는 무의식을 밝혀낸다는 점에 있습니다. 우리가 나의 판단이고, 나의 결정이고, 나의 선택이라고 믿었던 것들이 사실은 이미 프로그래밍되어 있는 본능 때문이라는 것은 뒤통수 맞는 기분이 들게 하지요. 단적인 예로, 내가 옆집 아이보다 내 동생을 사랑하는 이유가 유전자를 50% 공유하고 있기 때문이라는 이야기가 그러합니다. 혹은 안중근 의사가 이토 히로부미를 쏜 이유가 집단선택의 결과라는 사실도 어쩐지 우리의 그분에 대한 존경심을 감소시키는 느낌을 줍니다.

그럼에도 진화심리학은 그 매력적인 설명으로 인해 21세기에 대중적으로 가장 인기 있는 학문이 되었습니다. 학문적으로도 점점 발전하고 있지요. 특히, 이타성과 같은 인간 본성의 문제에서 진화심리학의 공헌은 빼놓을 수 없게 되었습니다.

다만, 우리가 진화심리학을 아무리 공부한다고 해도 남을 그다지 돕고 싶어지지는 않는 것 같습니다. 오히려 진화심리학은 세상을 다소 메마르게 보는 데 기여하고 있을지도 모르겠습니다. 이 책의 목표가 '남을 도와라! 남을 도와야 한다!'라는 상식을 교훈적으로 전하고자 하는 건 아닙니다만, 우리의 여정이 여기서 끝난다면 어딘지 찜찜한 느낌을 떨쳐 낼 수 없을 것 같습니다.

마틴 루서 킹과 로자 파크스

마틴 루서 킹 목사는 넬슨 만델라, 마하트마 간디와 더불어 20세기 비폭력 인권 운동의 가장 대표적인 인물입니다. 킹 목사는 젊은 시절부터 인권 운동에 꾸준히 관심을 보여 왔는데, 특히 그가 이끈 대표적인 인권 운동은 몽고메리에서 일어난 한 사건으로 인해 시작됩니다.

1955년 12월 1일 로자 파크스(Rosa Parks, 1913~2005)라는 흑인 여성이 버스에 타면서 일어난 일이었는데요. 당시 버스는 유색인 자리와 백인 자리가 나누어져 있었습니다. 백인은 앞자리, 유색인은 뒷자리 같은 식이었지요. 일을 마치고 버스에 올라탄 로자는 여느 때처럼 유색인 좌석 중 빈자리에 앉았습니다. 몇 정류장을 지나는 사이 앞쪽의 백인 좌석이 다 차 버렸고 백인 몇이 서서 가게 되었지요. 이를 본 버스 기사는 앉아 있던 흑인들에게 자리를 양보할 것을 요구했습니다. 다른 흑인들은 일어났지만, 로자 파크스는 자리를 비켜 주지 않았습니다. 그러자 버스 안의

백인들이 로자에게 온갖 욕을 퍼붓기 시작했습니다. 황당한 건 버스 기사가 백인들이 아니라 로자를 경찰에 신고해 버렸다는 사실이지요. 결국 로자 파크스는 백인에게 흑인의 자리를 양보해 주지 않았다는 이유로 경찰에 체포되었습니다.

이 사건은 382일 동안 계속된 몽고메리 버스 보이콧으로 이어지게 됩니다. 특히 마틴 루서 킹이 이 운동에 참여하면서 거대한 규모로 발전하게 되지요. 그 유명한 '나에게는 꿈이 있습니다.' 연설이 수많은 흑인을 감동시켰고, 그 결과 5만 여 명의 시민이 비폭력 평화 시위에 참여하게 됩니다. 그 외에도 킹 목사는 흑인 인권과 관련한 법률 제도, 공민권법, 투표권법의 개정 등을 이끌었습니다. 인권 운동을 통해서 실질적인 법적 결과를 얻어 낸 것이지요. 베트남 전쟁 반대 운동에도 참여한 그는 1964년, 35세의 나이로 노벨 평화상을 받게 됩니다. 하지만 13여 년간 치열하게 전개해 온 그의 인권 운동은 39세의 나이에 종지부를 찍고 맙니다. 한 백인이 그를 총으로 쏴서 암살해 버렸기 때문이지요.

사실 백인의 흑인에 대한 인종 차별은 오늘날의 우리에게 크게 와 닿지는 않습니다. 그러나 불과 100여 년 전에만 해도 흑인이 동물원에 전시되고 노예로 부려졌다는 것, 불과 몇 십 년 전까지도 미국 사회에서 인종 차별이 매우 당연시 되었으며 오늘날에도 그러한 차별이 여전히 남아 있다는 사실, 더구나 최근에는 우리나라에서도 외국인 노동자나 조선족을 향한 멸시와 차별이 문제 되고 있는 점 등을 생각하면 더는 먼 과거, 먼 나라 얘기로만 치부할 수는 없을 것입니다.

사람은 타인을 돕는 방식이나 정도에 있어서도
저마다 다릅니다. 거기에는 유전자나 본능의 차이가
있을 수도 있겠지만, 그보다 더 중요한 것은
'그 사람 자체'의 차이일 수 있습니다.

더군다나 진화심리학은 인간의 마음이 이미 '결정되어 있다'는 점을 중시합니다. 어떤 사람은 유독 더 이타적인 유전자를 가지고 태어났을 수도 있고, 어떤 사람은 더 이기적인 유전자를 가지고 태어났을 수도 있습니다. 그처럼 진화심리학은 단지 인간의 마음이 어떻다고 설명하는 데만 그 목표를 두고 있습니다.

그러다 보니, 설령 '이기적 유전자 이론'이 맞는가, '집단선택 이론'이 맞는가 같은 문제에서 결국 답이 나온다 해도, 크게 달라질 건 없습니다. 그저 자기 유전자가 대략 어떤 쪽인지 이해하게 되는 것이 전부겠지요. 그러고 나면, 어느 정도 자기 성격이나 태도를 바꾸려고 노력할 수는 있겠지만, 진화심리학에 의하면 여전히 결정적인 것은 인간 마음에 이미 프로그래밍된 '본능'입니다.

그래서 진화심리학에만 집중할 경우, 우리는 '모든 것이 이미 결정되어 있다'는 결정론이나 회의주의로 빠질 가능성이 높습니다. 물론, 그런 함정에 빠지지 않기 위해 노력하는 진화심리학자들도 많습니다만, 여전히 '본능'에 대한 강조는 그러한 위험을 내포하고 있습니다.

또한 진화심리학은 인간의 너무나도 다양하고 복잡한 행위들을 섬세하게 살피고 설명하는 데 한계를 지니고 있습니다. 사실 같은 종의 개미나 벌들은 전 세계 어디에서나 유사한 방식으로 살아갑니다. 특히 한 집단이라면, 유별난 돌연변이가 아닌 이상 거의 기계적인 패턴대로 살아가지요. 그러나 인간은 다릅니다. 나라별로, 시대별로 삶의 양상이 천차만별인 것은 물론이고 한 나라 한 시대 안에서도, 심지어 한 가족 안에서도 생각과 행동이 각기 다릅니다. 진화심리학은 이러한 사람의 다양성보다는 '공통점'에 초점을 맞추어 '본능'을 추출하고자 한다는 점에서 한계가 있습니다.

'돕는다'라는 문제에 초점을 맞추어도 마찬가지입니다. 사람은 타인을 돕는 방식이나 정도에 있어서도 저마다 다릅니다. 거기에는 유전자나 본능의 차이가 있을 수도 있겠지만, 그보다 더 중요한 것은 '그 사람 자체'의 차이일 수 있습니다. 그가 어떤 환경에서 어떤 교육을 받으며 자랐는가, 어떤 신념을 가지고 있는가, 그 순간 무슨 생각과 상상을 했는가 등에 따라 결과는 판이해집니다.

예를 들어, 누군가는 텔레비전의 한 프로그램에 소개된 소년소녀 가장의 사연을 보고 가슴 아파하며 100만 원의 성금을 보낼 수도 있습니다. 하지만 어떤 사람은 안타깝게 여기기만 할 뿐 돈을 보내지 않을 수도 있고, 또 누군가는 1000원 정도만 보낼 수도 있지요. 어떤 사람은 그들을 외면하는 대신, 정기적으로 소외 계층 아이들과 함께하는 시간을 가질 수도 있습니다. 혹은 그런 이들을 모두 외면한 채, 오로지 자기 가족만 충실하게 챙기는 사람도 있을 수 있습니다. 이런 복잡 미묘한 차이들을 진화심리학은 설명하고자 하지 않습니다. '사람은 왜 서로 도울까'라는 문제에 대해 '본능'만 가지고 대답하는 것이 한계가 있을 수밖에 없는 이유지요.

'왜'라는 말이 붙은 모든 질문이 유효한 이유는 우리를 궁극적으로 '최초의 지점'에 갖다 놓기 때문입니다. 진화심리학은 사람이 왜 돕는 지를 밝힘으로써 우리를 '본능'이라는 지점에 가져다 놓습니다. 실제로 동물적인 본능이야말로 인간의 궁극적인 지점이라고 믿는 사람들도 있습니다.

하지만 이 책에서는 그 '최초의 지점'이 생물학적 본능이 아닌 다른 지점일 수도 있다는 가능성을 찾아 나가려고 합니다. 우리는 동물이긴 하지만, 다른 모든 동물과 구별되는 아주 특별한 동물이기도 하기 때문입니다. 그 대답을 찾기 위해 일단 하나의 이야기를 더 준비했습니다.

인간 마음에 대해, 진화심리학과 비슷하면서도 전혀 다른 이야기를 하는 이론이지요. 바로 '정신분석학'입니다. 이 이론은 인간 행동의 근거를 '무의식'에서 찾음으로써, 진화심리학에서 말하는 '본능'과는 전혀 다른 방식으로 인간을 탐구합니다. 그럼, 진화심리학 못지않게 흥미로운 그 이야기를 들어 보겠습니다.

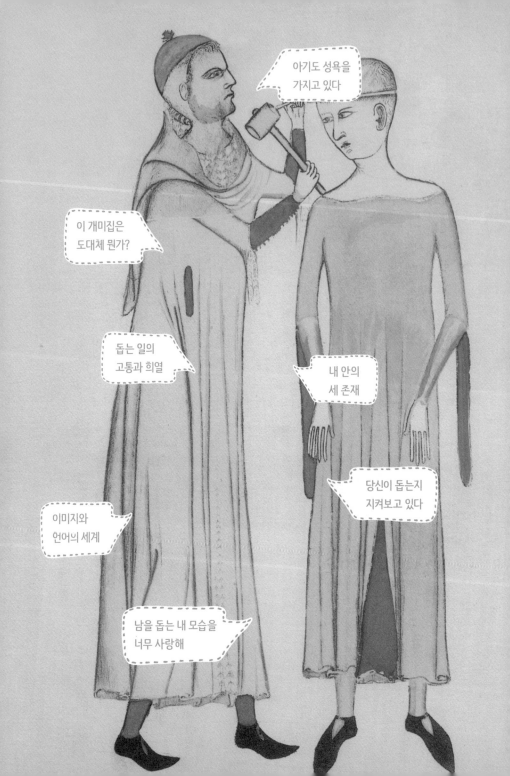

02

정신
분석가의
상담실

진화심리학 실험실에 놀러 간 정신분석가 이 개미집은 도대체 뭔가?

　만약 정신분석가가 진화심리학 실험실에 가게 된다면 어떤 일이 벌어질까요? 아주 친한 친구가 진화심리학 실험실에 있어서 치킨이나 사 들고 놀러 간 게 아니라면, 정신분석가는 진화심리학 실험실 근처에라도 갈 일이 없을 겁니다. 그래도 우연히 그곳에 들르게 된다면, 정신분석가는 경악할지도 모릅니다. "아니, 뭐하는 겁니까? 현대인의 심리를 연구한다면서 왜 하루 종일 말벌이나 흰개미를 쳐다보고 있는 거죠?"

　서점에 가서 진화심리학과 관련된 책들을 펼쳐 보면, 절반 이상은 인간이 아닌 다른 생물들에 대한 이야기로 채워져 있는 걸 볼 수 있습니다. 반면, 정신분석학과 관련된 책을 펼쳐 보면 벌이나 개미는 물론, 원숭이나 침팬지에 대한 이야기도 찾아보기 힘들지요. 진화심리학이 인간을 동물의 일종으로 연구한다면, 정신분석학은 인간을 인

정신분석학은 우리 마음 안에 그러한 프로그램이
태어날 때부터 들어 있는 게 아니라고 말합니다.
프로그램은 살아가면서 누군가가 집어넣습니다.
그것도 한두 번이 아니라, 살아가는 내내
무수히 많은 프로그램이 집어넣어지지요.

간 그 자체로 탐구하기 때문입니다. (물론, 다른 생물에 대한 이야기가 전혀 없는 건 아닙니다.)

이 차이는 생각보다 엄청나서 두 분야는 전혀 다른 방식으로 인간의 심리를 탐구합니다. 그렇기는 해도 두 학문의 유사성 역시 존재합니다. 바로 인간의 무의식적인 면에 주목한다는 점이지요. 우리가 앞에서 살펴본 진화심리학에서는 인간의 그런 면을 '본능'이라는 말로 불렀습니다.

예를 들어, 나는 내 가족을 순수하게 사랑한다고 생각하지만 알고 보면 그 사랑은 불멸하는 유전자를 위한 본능이라는 게 진화심리학의 설명이었지요. 마찬가지로, 국가에 대한 충성심과 애국심도 알고 보면 자기 집단을 위해 본능이 선택한 결과였습니다. 그 외에도, 진화심리학은 우리 삶의 많은 부분들을 설명해 냅니다. 왜 누군가는 그렇게 명품을 갈망할까요? 진화심리학에 의하면, 이성에게 자기의 부유함을 과시하여 자기 유전자를 번식시키기 위한 오랜 진화의 결과입니다.

정신분석학 역시 우리 내면의 숨겨진 무의식에 주목합니다. 그러나 모든 것을 궁극적으로 생존과 번식이라는 대전제 위에서 생각하는 진화심리학과는 많이 다릅니다. 그보다 정신분석학은 우리의 '자아'에 주목합니다.

다시 한 번 예를 들어 보겠습니다. 우리는 누구나 꿈을 가지고 있을 겁니다. 누군가는 변호사가 되고 싶을 것이고, 누군가는 의사가, 또 누군가는 대통령이 되고 싶을 수 있겠지요. 우리는 분명 그것이 내 꿈이라고 생각합니다. 정신분석학의 용어로 말하자면, 내 '자아의 욕망'이라고 생각하는 것이지요. 그런데 그 꿈, 즉 그 욕망은 어디에서 온 것일까요? 내가 태어날 때부터 가지고 있었을까요? 아니면 어느 날, 누군가 그 꿈을 내 안에 집어넣은 것일까요?

정신분석학은 우리가 자기 자신의 꿈이라고 믿는 것, 자기의 욕망이라고 믿는 것이 실은 누군가 나에게 집어넣은 것이라고 말합니다. 내가 원래부터 그것을 원한 게 아니었다는 것이지요. 내가 의사가 되고 싶어 하는 이유는 어쩌면 내 부모님이 어릴 때부터 "의사란 좋은 직업이야."라고 늘 말했기 때문일지도 모릅니다. 내가 강남의 아파트나 BMW를 갖고 싶어 한다면, TV 드라마에서 그것들이 '좋은 것'이라고 보여 주었기 때문일지도 모르지요. 그래서 정신분석학은 이렇게 말합니다.

"인간은 늘 타자의 욕망을 욕망한다."

타자(他者; other)란 '다른 존재' 혹은 '다른 사람'을 뜻합니다. 즉, 우리는 알고 보면 늘 다른 사람이 원하는 걸 마치 '내가 원하는 것처럼' 바라고 있다는 것이지요. 자신이 정말 좋아하는 노래 한 곡을 떠올려 봅시다. 누군가는 비틀즈의 팝송을, 누군가는 베토벤의 클래식을, 누군가는 걸그룹의 댄스곡을 떠올릴 겁니다. 그렇다면 묻겠습니다. 왜 하필 그 노래를 고르셨나요? 대부분의 사람은 "그게 내 취향이니까."
라고 말할 겁니다. 그런데 사실 이건 제대로 된 대답이 아닙니다. 정신
분석학이 묻는 건 바로 '그 취향이 어디서 왔느냐?'라는 것이니까요.

이런 사소한 취향 역시 정신분석학에서는 하나의 '욕망'에 해당됩
니다. 그리고 그 욕망은 원래 내 안에 있었던 게 아니라, 바깥에서부
터 다른 존재(타자)에 의해 집어넣어졌다는 것이지요. 내가 팝송을 좋
아하는 이유는 내 어머니가 어렸을 때 늘 팝송을 들었기 때문일 수
있지요. 댄스곡을 좋아하는 건 친구들이 모두 열광하기 때문일 수도
있습니다. 아니면 음악 취향과는 상관없이 그 가수의 외모에 반해서,
심지어는 눈 옆에 찍힌 점에 이끌려서 그 가수의 노래까지 좋아하게
되었을지도 모릅니다.

이쯤 되면 진화심리학과 정신분석학의 차이는 확실히 느껴지는 것
같습니다. 진화심리학에서 말하는 '본능'이란 태어날 때부터 가지고
있는 우리 마음의 '소프트웨어 프로그램'입니다. 그 프로그램의 원리
를 찾는 게 진화심리학자들이 하는 일이지요. 그리고 그 원리가 다름
아닌 진화의 원리입니다. 우리 마음은 진화에 의해 '프로그래밍'되어
있고, 우리 현대인들의 마음은 그 프로그램에 의해 작동한다는 것이
지요.

반면, 정신분석학은 우리 마음 안에 그러한 프로그램이 태어날 때
부터 들어 있는 게 아니라고 말합니다. 프로그램은 살아가면서 누군

가가 집어넣습니다. 그것도 한두 번이 아니라, 살아가는 내내 무수히 많은 프로그램이 집어넣어지지요. 정신분석학이 탐구하는 것은 그러한 프로그램을 집어넣는 원리입니다. 미리 말하자면, 그 프로그램은 꼭 남이 집어넣는 것만은 아닙니다. 때로는 자기 자신이 스스로 집어넣기도 하지요. 혹은 자기가 집어넣어 놓고 타인이 집어넣었다고 생각하기도 합니다.

비유가 적절했나요? 어쩌면 더 혼란스러워졌을지도 모르겠습니다. 사실, 정신분석학과 진화심리학은 서로 다르면서도 때론 겹치는 부분도 존재합니다. 그래서 일일이 두 학문을 비교하는 건 쉬운 일이 아니고, 어쩌면 불가능한 일일 수도 있습니다. 그럼에도 한 가지는 꼭 기억하면 좋을 것 같습니다. 진화심리학에서 마음이 이미 수백만 년 동안 진화를 통해 우리 안에 프로그래밍되어 온 것이라면, 정신분석학에서 마음은 살아가면서 들어오는 온갖 프로그램들의 싸움터입니다. 그래서 진화심리학이 태어날 때부터 이미 설치된 '프로그램 자체'를 연구한다면, 정신분석학은 우리가 살아가는 동안 프로그램들이 들어오고 나가는 경로와 원리 즉 '프로그램 설치 과정 혹은 설치 틀'을 탐구하는 것이지요.

인간의 이타성에 대한 대답도 간단하게 해 볼 수 있습니다. 진화심리학에서 사람이 누군가를 돕는 이유는 '생존'과 '번식'을 위해 그것이 적절했기 때문이었습니다. 그래서 그렇게 '남을 돕는 본능'을 태어날 때부터 가지고 있었다는 것이지요. 반면, 정신분석학에서 사람이 누군가를 돕는 이유는 조금 다릅니다. 그건 나도 모르는 사이에 누군가가 남을 도우라는 명령을 내 안에 집어넣었거나, 남을 돕는 사람이 멋져 보였거나, 심지어 누군가를 미워하기 때문에 그 사람을 도울수도 있습니다.

그럼, '사람은 왜 서로 도울까'라는 골치 아픈 질문의 대답을 위해 이제 정신분석학의 세계로 들어가 보겠습니다. 이 세계에서는 내 안의 여러 괴물들을 만나게 될지도 모릅니다. 모든 게 분열되어 있고 도무지 정상과 비정상을 가릴 수 없는 그 세계, 정신분석가의 상담실로 여러분을 초대합니다.

프로이트의 상담실 아기도 성욕을 가지고 있다

정신분석학의 창시자는 지그문트 프로이트(Sigmund Freud, 1856 ~1939)입니다. 누구나 한 번쯤은 프로이트라는 이름을 들어 보았겠지요? 아마 경멸을 담아서 그에 대해 말하는 사람도 있을 테고, 그의 이론이 과연 옳다면서 자기 경험을 늘어놓는 사람도 있을 겁니다. 많은 사람이 프로이트에 대해 모든 걸 '성욕' 중심으로 생각한, 약간 변태적인 학자라는 이미지를 가지고 있는 것 같습니다. 프로이트가 처음으로 자신의 이론을 주장했을 때도, 대중은 물론 학계에서도 그가 약간 이상한 사람이 아닌가 의심했다고 합니다.

사실, 그럴 만한 이유가 전혀 없는 건 아닙니다. 프로이트는 실제로 인간의 행위, 욕망, 감정 등이 '성적 충동'으로부터 나온다고 생각했습니다. 여기서 말하는 '충동'이란 우리가 진화심리학에서 살펴본 '본능'과는 다른 개념입니다. 본능이 선천적으로 이미 우리 마음 안에 프로그래밍되어 있는 무의식적 성향이라면, 충동은 우리가 태어난 이후에 겪는 일련의 과정들을 통해 갖게 되는 무의식적 에너지입니다.

예를 들어, 남자가 S라인 여자를 좋아하는 건 진화심리학에서 말하는 본능 때문일 수 있습니다. S라인 여자가 출산과 양육을 더 잘한다고 생각하는 프로그램이 우리 마음에 들어 있기 때문이지요.(물론 과거의 S라인과 현재의 S라인은 체형이나 선호하는 이유에 있어 상당한 차이가 있습니다만.) 그러나 S라인 여자가 다섯 명이라면 어떨까요? 한 남자가 그 중 네 명은 사랑하지 않고, 단 한 명만을 사랑한다고 생각해 봅시다. 얼마든지 있을 수 있는 일이지요. 진화심리학은 그것 역시 설명하려고 애쓸지도 모릅니다. 가령, 그 선택된 한 명의 여자가 더 건강하고 똑똑해서 다른 여자들보다 앞으로의 생존과 번식에 더 도움이 될 거라는 식으로 말이지요. 그러나 하필 그 여자가 다른 여자들에 비해 더 결함이나 문제가 있는 사람이었다면? 진화심리학자는 거기까지는 내 알 바 아니다, 라고 할 겁니다.

반면, 하필 결함이나 문제가 있는 사람을 고른 그 사랑이야말로 정신분석가가 눈에 불을 켜고 좋아할 만한 대상입니다. 그것이야말로 본능이 아니라 충동에 가깝기 때문이지요. 여러 가지 이유가 있겠지만, 어쩌면 그 남자가 하필 그 여자를 고른 이유는 어릴 적의 경험과 관련이 있을 수도 있습니다. 가령, 그 여자의 눈매가 내 어머니의 눈매와 닮았을지도 모르지요. 혹은 그녀가 가진 상처가 잊고 있던 내 어린 시절의 기억을 떠올리게 했을지도 모릅니다. 어쨌든 그 사랑은 내가 태어날 때부터 정해진 건 아닙니다. 자라면서 내가 겪은 어떤 경험으로 생겨난 것이지요.

여기까지는 얼마든지 이해할 수 있습니다. 그러나 프로이트의 이론이 다소 충격적인 건 우리가 그렇게 순수하다고 믿는 아주 어린 아기들조차 '성충동(libido)'에 사로잡혀 있다고 주장한다는 점입니다. 흔히 '유아성욕론'이라고 하지요. 프로이트는 아이의 발달 과정을 구순기, 항문기, 남근기로 나누어서 이야기합니다.

우선, 구순기는 입을 통한 성충동이 일어나는 시기입니다. 대표적인 것이 엄마의 젖을 빠는 아이의 행동이지요. 프로이트는 아기가 젖을 빠는 행위가 단순히 배고픈 걸 넘어서서 성충동에서 기인한다고 이야기하는 겁니다.

프로이트의 생애

여러분은 어떤 인생을 꿈꾸고 있나요? 혹시 어릴 때부터 꿈과 목표를 확실히 정해서 평생 단 하나의 길만을 걸어가는 그런 뚝심 있는 삶을 생각하나요? 그런데 사실 평범한 사람들은 물론이고 역사에 이름을 남긴 위인들도 평생 단 하나의 길만을 간 경우는 별로 없었습니다. 정신분석의 창시자로 100년이 넘도록 거론되고 있는 프로이트 역시 마찬가지였지요.

프로이트는 처음에 빈 의과대학에 입학해서 어류와 갑각류를 연구합니다. 졸업한 뒤에는 빈 대학 부속 병원에 들어가서 일을 했지요. 그러다가 나이 서른 즈음에 프랑스 파리로 유학을 떠나 당시 저명한 신경병 학자였던 장 마르탱 샤르코의 강의를 5개월간 들으면서 비로소 인간의 심리와 그 치료에 관심을 갖게 됩니다. 나이 서른에 접한 강의가 그의 인생을 바꾸는 첫 계기가 되었지요.

이후에 빈으로 돌아간 그는 신경질환 전문의로 개업합니다. 어류와 갑각류를 연구하던 의사가 전격적으로 진로를 바꿔 인간 심리를 탐구하고 치료하는 의사로 뛰어든 것이지요. 그는 요제프 브로이어와의 협력을 통해서 히스테리 환자들에 관해 연구합니다. 이때의 연구는 정신분석학의 기반을 형성하는 매우 중요한 임상 사례들이 되지요.

프로이트는『꿈의 해석』,『일상생활의 정신병리학』등의 책을 발표하며 명성을 높여 가는 한편, 그의 제자였던 칼 융, 알프레트 아들러 등과 결별하면서 논란을 일으키기도 합니다. 독일에서 히틀러가 권력을 장악한 후에는 유대계인 프로이트의 저서들이 공개 화형에 처해지기도 합니다. 그럼에도 그는 빈에 남아 연구를 계속하다가, 나치 돌격대가 가택 수색을 실시하고서야 런던으로 망명합니다. 하지만 정신분석학의 창시자 프로이트는 런던에 도착한 지 얼마 지나지 않아 사망하지요.

프로이트를 둘러싼 흥미로운 이야기가 몇 가지 있는데, 하나는 프로이트가 독일 최고의 문학상이라 불리는 '괴테 상'을 받았다는 것입니다. 의학이나 심리학과 관련된 상이 아닌 문학상을 받았다는 사실은 프로이트의 필력이 그만큼 뛰어났음을 알려 주지요. 프로이트의 과감하고 혁명적인 사상이 사람들에게 널리 알려질 수 있었던 이유도 어쩌면 그의 사상이 치밀하고 정교해서라기보다는, 그의 문장이 많은 이의 호감을 샀기 때문일지도 모릅니다.

또 하나의 이야기는 그의 딸 안나 프로이트(Anna Freud, 1895~1982)에 관한 것입니다. 프로이트를 숭배에 가깝게 존경했던 안나는 아버지의 뒤를 이어 정신분석학자가 되었으며, 특히 아동심리학의 권위자로 명성을 누렸습니다. 평생 독신으로 살았던 그녀는 아버지가 살아 있는 동안 가장 가까운 제자이자 동료였으며, 말년에 프로이트가 병들었을 때는 간호사 노릇도 도맡아 했습니다. 무엇보다 대를 이어 하나의 사상을 연구한 보기 드문 부녀 관계라고 할 수 있지요.

젖을 빨면서 배를 채울 뿐만 아니라 성욕을 충족한다는 것이지요! 프로이트는 아기가 젖을 빨지 못할 때 손가락을 빠는 것도 성적인 만족을 위해서라고 말합니다. 나아가 성인이 사탕이나 담배를 습관적으로 입에 물고 있는 경우도 이 구순기 때의 충동이 작용한 것으로 볼 수 있지요.

벌써 조금씩 이상한 기분을 느끼는 분도 계실지 모르겠습니다. 그런데 이어지는 이야기는 더 충격적입니다. 구순기 다음이 항문기의 시기입니다. 이 시기는 아이가 용변을 가리는 단계로, 아이는 참았다가 배설하는 과정에서 항문을 통해 쾌감을 느끼게 됩니다. 이 시기의 또 다른 특징은 규율과 훈육입니다. 배변 훈련을 받으면서 사실상 처음으로 인간 사회의 규칙을 습득하게 되는 것이지요.

아마 이제는 프로이트가 이상한 학자로 오해받는 것에 고개를 끄덕이리라 생각됩니다. 입과 항문을 통해 쾌락을 느끼는 아기라니! 그러나 충격받기엔 아직 이릅니다. 항문기 다음이 남근기인데, 여기에서 프로이트는 저 악명 높은 '오이디푸스 콤플렉스(Oedipus complex)'를 꺼내 듭니다.

남근기는 드디어 아기가 자기의 성기를 통해서 성적 쾌감을 느끼기 시작하는 단계입니다. 그런데 여기에서 다소 복잡한 일이 발생합니

다. 프로이트가 가장 많이 비판 받는 지점이 이 부분이기도 합니다. 남자아이는 자기에게 성기가 존재한다는 걸 알고 그렇게 생각하지만, 여자아이는 원래 있어야 할 자기 성기가 잘려 나가 없다고 생각하게 된다는 겁니다. 그 다음 이야기가 더 놀라운데, 이 남근기의 남자아이는 자기 어머니를 성적 대상으로 사랑하게 된다는 것이지요. 그런데 가만 보니 어머니는 자기를 성적 대상으로 사랑하지 않습니다. 왜냐하면 아버지라는 존재가 있기 때문이지요. 그래서 아이는 좌절을 겪으면서도 아버지 같은 존재가 되고 싶어 하고, 아버지를 뛰어넘고자 합니다. 이것이 모든 남성이 유년시절에 겪는 '오이디푸스 콤플렉스'입니다.(여성도 오이디푸스 콤플렉스를 겪긴 하나, 그 과정이 보다 복잡하기 때문에 여기에서는 생략합니다.)

이 단계에서 우리가 주목해야 할 개념이 등장하게 됩니다. 바로 '초자아(superego)'라는 것입니다. 초자아는 어머니를 향한 아이의 욕망을 향해 '안 돼!'라는 명령을 내리는 목소리입니다. 바로 아버지의 목소리지요. 물론 아버지가 실제로 아이한테 그렇게 말하는 건 아니고, 아이 스스로 내면에서 그렇게 느끼는 목소리라 볼 수 있습니다. 이 초자아는 이후 평생에 걸쳐서 다양한 모습으로 나타납니다. 양심이든, 죄책감이든, 도덕이든, 법이든, 신이든, 우리 안에서 우리에게 '명령'을 내리는 자가 초자아입니다.

여기에서 우리는 처음으로 정신분석학이 대답하는 '사람은 왜 도

오이디푸스 신화

　오이디푸스(Oedipus)는 스핑크스(Sphinx)의 수수께끼를 푼 것으로 널리 알려진 그리스 신화 속 인물입니다. "아침에는 다리가 넷이고, 낮에는 둘이며, 밤에는 셋이 되는 생물은 무엇인가?"라는 것이 스핑크스가 낸 문제였지요. 답은 바로 인간입니다. 아기일 때는 팔다리로 기어 다니다가, 청년이 되면 두 발로 걷고, 늙어서는 지팡이를 짚고 다니기 때문이라고 합니다. 스핑크스는 오이디푸스가 정답을 맞히자 곧장 절벽 아래로 뛰어내려 자살했지요.

　우선 오이디푸스가 '부은 발'이라는 뜻의 이름을 갖게 된 사연을 이야기해 보지요. 테바이의 왕인 라이오스는 자신의 아들이 자라면 왕위를 위협하게 될 거라는 예언(신탁)을 듣고 이제 막 태어난 아들을 양치기에게 죽이라고 명령합니다. 그러나 양치기는 아기가 너무 가여운 나머지 차마 죽이지 못하고 아이의 다리를 묶어 나무에 매달아 두었는데, 얼마 뒤 지나가던 농부에게 발견되어 목숨을 건지게 됩니다. 아이는 오래 거꾸로 매달려 있던 탓에 발이 퉁퉁 부어 있었고, 이것이 아이의 이름이 됩니다. 바로 오이디푸스지요.

　청년이 된 오이디푸스는 어느 날 우연히 라이오스 왕을 만나게 되었습니다. 오이디푸스가 좁은 길을 가고 있는데, 반대편에서 라이오스 왕의 마차가 마주 오고 있었습니다. 왕의 마부는 오이디푸스에게 길을 비키라고 했지만, 오이디푸스가 응하지 않자 오이디푸스의 말을 죽여 버립니다. 이에 격분한 오이디푸스는 마부와 라이오스 왕을 죽여 버립니다. 신탁에 응하기라도 하듯 자기 아버지를 죽이고 만 것이지요. 물론 아버지라는 사실을 모르고 저지른 일이지만요.

이 사건 뒤에 만나게 된 것이 바로 스핑크스입니다. 테바이인들은 자신들을 괴롭히던 괴물을 처치해 준 것에 감사하여, 오이디푸스를 왕으로 세웁니다. 마침 얼마 전 테바이의 왕 라이오스가 죽었기 때문에(그의 아들 오이디푸스가 죽었기 때문에) 왕 자리는 공석이었지요. 그럼 왕비는 어떻게 되었을까요? 놀랍게도, 왕이 된 오이디푸스의 아내가 됩니다. 즉, 아들과 어머니가 부부가 되어 버린 것이지요. 물론 누구도 그 사실은 알지 못한 채로 말입니다.

남근기에 아버지를 증오하고 어머니를 사랑하는 욕망이 있다는 프로이트의 '오이디푸스 콤플렉스'는 이 오이디푸스 신화에서 온 것입니다. 물론 신화에서는 오이디푸스가 일부러 그런 것이 아니었지만, 어쩌면 그의 무의식은 아버지를 죽이고 싶었을지도 모르지요. 현실에서 아이는 아버지를 죽이지 못한 채 패배하기에 그 아버지는 아이 마음속의 '초자아'가 됩니다. 어머니를 차지할 수도 없기 때문에, 영원히 어머니와 같은 존재(절대적 사랑)를 갈구하게 되지요.

어머니는 자기를 성적 대상으로 사랑하지 않습니다.
왜냐하면 아버지라는 존재가 있기 때문이지요.
그래서 아이는 좌절을 겪으면서도
아버지 같은 존재가 되고 싶어 하고,
아버지를 뛰어넘고자 합니다.
이것이 모든 남성이 유년시절에 겪는
'오이디푸스 콤플렉스'입니다.

울까'에 대한 힌트를 발견할 수 있습니다. 사람이 누군가를 돕는 까닭
은 바로 초자아의 명령 때문이라는 것이지요. 우리는 어렸을 때부터
가정에서, 학교에서 '남을 도와야 한다.'라는 말을 지겹도록 듣습니
다. 그러면서 그것이 당연한 도리이고 반드시 따라야 하는 의무라고
믿게 되는 것이지요. 바로 그러한 도덕, 규칙, 법의 명령이 초자아의
목소리입니다.

 이드, 자아, 초자아 내 안의 세 존재

프로이트가 성적 충동을 중심으로 인간을 이야기했다고 해서, 그
것을 곧이곧대로 받아들일 필요는 없을 것 같습니다. 사실, 이 책
에서도 프로이트의 이론보다는 또 다른 정신분석학자인 자크 라캉
(Jacques Lacan, 1901~1981)의 이론을 더 중요하게 다룰 겁니다. 하지만
그 전에 우리는 프로이트 정신분석학의 핵심을 이해할 필요가 있습
니다.

프로이트가 자신의 이론을 통해 궁극적으로 말하려는 바는, 인간
이 결코 합리적인 존재가 아니라는 것입니다. 진화심리학에서 우리
는 인간의 이타성이 매우 합리적으로 진화한 결과라는 것을 이해하
려고 했습니다. 혈연선택, 호혜적 이타주의, 집단선택은 모두 우리의

생존 혹은 유전자의 불멸을 위해 최적화된 전략이었습니다. 그런 합리성은 지금도 여전히 작용합니다. 우리는 가족을 위하여 이타성을 발휘하고, 나에게 이익이 될 것을 기대하며 남을 돕고, 회사나 국가같은 집단의 유지를 위해 남에게 협력합니다.

반면, 정신분석학에서 인간은 합리적 존재가 아닙니다. '충동'은 합리적으로 우리에게 이득이 되는 게 아니기 때문이지요. 오히려 충동은 많은 경우 파괴적인 결과를 불러오기도 합니다. 우리는 때때로 자기 인생의 많은 부분을 포기하면서까지 끈질기게 남들을 돕는 사람을 보게 됩니다. 남을 돕기 위해 각종 위험이 도사리고 있는 전염병 유행 지역이나 목숨을 위협하는 전쟁 지역으로 기꺼이 걸어 들어가는 사람들이 있지요. 진화심리학에서 그런 사람들은 대체로 마음 프로그램이나 그 작동에 문제가 있는 사람들입니다. 그러나 정신분석학에서는 오히려 그런 자기 파괴적인 행동이야말로 가장 순수한 충동 행위일 수 있습니다.

정신분석학의 그런 설명을 제대로 납득하기 위해서는 라캉까지 가야 합니다. 그러나 일단 그 전에 프로이트의 이론을 하나 더 살펴보려고 합니다. 프로이트는 우리 내면의 구조를 설명하면서 이드(id), 자아(ego), 초자아라는 개념을 제시합니다.

이드는 프로이트가 말한 '성충동' 그 자체라고 볼 수 있습니다. 여기에는 성뿐만 아니라 온갖 쾌락, 폭력, 만족 등이 포함됩니다. 우리 안

에는 근원적으로 무한한 만족을 갈망하면서 충동을 발산시키는 에
너지가 있다는 것이지요. 제한 없고 자유로운 흐름이자 힘이라 할 수
있는 이드는 끊임없이 쾌락과 만족을 추구합니다. 아마 우리는 쉽게
'이드에 사로잡힌 사람'을 떠올릴 수 있을 겁니다. 약이나 술에 의존해
끊임없이 쾌락의 상태를 유지하려는 사람이지요. 그런 사람은 자기
자신을 제어할 수 없는 채로, 완전히 이드에 매몰되어 살아갑니다.

그래서 이드를 제어해 줄 수 있는 내면의 장치가 필요합니다. 이드
는 무한한 충동이면서 우리 내면의 원천입니다. 이드는 현실과 만나
면서 자기 자신을 제어할 수 있는 존재를 만들어 내는데, 그것이 바
로 '자아'입니다. 이드에만 사로잡혀 있다면, 인간은 사회를 만들 수도
없었을 것이고, 사회 속에서 살아갈 수도 없을 겁니다. 이드는 오직
쾌락과 만족과 열정과 충동만을 추구하기 때문이지요. 반면, 자아는
그러한 내면의 충동을 다스리는 이성, 원칙, 조절, 상식의 역할을 하
게 됩니다.

이를 흔히 이드는 '쾌락 원리'에 따른다고 하며, 자아는 '현실 원리'
에 따른다고 말합니다. 우리는 이 점을 아주 쉽게 이해할 수 있습니
다. 누구나 자기 내부로부터 어떤 자극을 느껴서 충동적으로 행동한
경험이 있을 것이고, 반대로 그러한 자극을 억눌러 본 경험도 있을 겁
니다. 쾌락에 몸을 던지고 싶거나, 무언가를 훔치고 싶거나, 누군가를
때리고 싶거나, 심지어 죽이고 싶었던 순간들이 누구에게나 있습니

우리 인간 모두는 이드에서 태어난
이드의 존재들이기 때문이지요.
동시에 그러한 충동을 억누르고 자제하는 일이
자연스러워지는 과정을 누구나 겪습니다.

다. 우리 인간 모두는 이드에서 태어난 이드의 존재들이기 때문이지요. 동시에 그러한 충동을 억누르고 자제하는 일이 자연스러워지는 과정을 누구나 겪습니다.

'나'는 하나일까요? 아마 아닐 겁니다. 내 안에는 무수한 '나들'이 존재합니다. 잘 생각해 보면, 우리 안은 크게 '둘'로 나누어져 있습니다. 흔히 내 안에 악마와 천사가 공존한다고들 하지요. 어떤 순간에 우리는 내 안의 악마와 천사의 목소리에 따라 어느 한쪽을 선택해야만 하는 상황에 처합니다. 내 안에서 나는 최소한 둘 이상입니다. 정신분석학이 말하는 바도 그렇습니다.

한 발 더 나아가 정신분석학은 우리 안에 또 다른 내가 존재한다고 말합니다. 최소 셋이라고 볼 수 있지요. 바로 '초자아'입니다. 초자아 역시 자아와 마찬가지로 이드로부터 분화되어 나온 우리 내면의 존재입니다. 앞에서 우리는 이 초자아가 어떻게 발생하는지 살펴보았지요. 바로 '오이디푸스 콤플렉스'를 통해서였습니다. 최초의 아버지의 자리, 나에게 어머니를 사랑하지 못하도록 명령을 내리는 존재가 바로 초자아입니다. 이 초자아는 이후 내 안에서 온갖 명령을 내리는 존재가 됩니다. 대표적으로는 도덕, 법, 국가, 종교 등이 있습니다. 종교를 믿게 되면, 나에게 절대적으로 명령을 내리는 신의 율법을 받아들이게 됩니다. 무슨 일이 있어도 복종해야 하는 존재가 생기는 것이지요. 우리가 흔히 '양심의 가책'을 느낀다고 할 때, 그 양심을 느끼게 하는 것이 바로 초자아입니다.

초자아는 이드를 다스리는 매우 강력한 방식입니다. 술에 취해서 충동적으로 누군가를 해치려고 할 경우를 생각해 봅시다. 자아는 그러면 안 된다고 이드를 열심히 설득할 겁니다. '이성'을 통해서 말이지요. 반면, 초자아는 그 즉시 "안 돼!"라고 이드에게 소리 지르며 그 자리에서 멈추게 만들어 버립니다. 즉각적이며 절대적인 명령을 행사하는 것이지요. 아버지의 이름으로 말입니다.

그렇다면 이 세 가지가 어떻게 '남을 돕는 것'과 관련되는지 이해해 볼 차례입니다. 우선, 이드는 만족과 쾌락을 원합니다. 그런데 무조건 쾌락만 추구하다가는 금세 범죄자가 되어 사회와 격리될 수 있습니다. 그러면 이드는 영원히 패배하는 것이지요. 따라서 자아는 이드를 만족시켜 주기 위해서 다른 방법을 택해야 합니다. 그중 하나가 '남을 돕는 것'일 수 있습니다.

이드 입장에서는 남을 돕는 게 화날 수 있습니다. 그러나 결과적으로 자기에게 더 큰 만족이 돌아온다면, 자아가 하는 일을 가만히 기다려 줄 겁니다. 즉 더 큰 쾌락, 더 큰 만족을 위한 수단으로 남을 도울 수 있는 것이지요. 이런 예는 참으로 많습니다. 우리 인생 자체가 그렇기 때문이지요. 예를 들어, 당장 행복을 누리고 싶어서 돈을 펑펑 쓰며 비싼 음식을 사 먹고 여행만 다닌다면 몇 년 뒤에 빈털터리가 되어 버릴 수 있습니다. 그러면 남은 인생은 불행만이 기다리고 있

초자아는 그 즉시 "안 돼!"라고 이드에게 소리 지르며
그 자리에서 멈추게 만들어 버립니다.
즉각적이며 절대적인 명령을 행사하는 것이지요.

겠지요. 그래서 자아는 하기 싫은 공부를 하게 하고, 일을 하게 하고, 돈을 벌게 합니다. 훗날의 행복을 위해 현재의 고생을 감수하도록 이드에게 가르치는 것이지요.

나아가 사회에 훌륭하게 적응하기 위해 자아는 이타성을 발휘할 수 있습니다. 인간 사회는 그 구성원들이 협력하지 않으면 유지될 수 없습니다. 인간은 공동체 안에서 역할을 분담하고 각자 맡은 일을 하면서 협동해 왔습니다. 이렇게 '건전한 사회생활'을 하도록 하는 것 역시 자아의 역할입니다. 건전한 사회인이라면, 남이 도움을 필요로 할 때 도울 겁니다. 그래야 나중에 자기가 도움을 받을 수 있는 건 물론이고, 안 그랬다가는 사회 부적응자로 찍혀 버릴 수도 있으니까요.

그러나 누군가를 돕는 일에 가장 강력한 힘을 발휘하는 건 역시 '초자아'입니다. 테레사 수녀(Mother Teresa, 1910~1997)는 혈혈단신으로 인도로 들어가 빈자들을 위한 삶을 살았습니다. 그녀는 평생 동안 자기 자신을 희생하면서 수많은 아이들을 가르치고 가난한 사람을 도왔지요. 그녀를 그렇게 하도록 만든 힘이 자아였을까요? 아니었을 겁니다. 그녀 안에서 절대적인 명령을 내리던 '신'이었을 겁니다. 정신분석학에서는 바로 그러한 신의 자리를 초자아의 자리라고 말합니다.

앞에서 진화심리학을 다루면서, 한 예로 독립운동가들에게는 집단을 위해 헌신하는 충성심이 프로그래밍(집단선택)되어 있다고 했지요. 정신분석학에서 그들은 사실상 '신'을 믿은 것과 같았습니다. 민

테레사 수녀의 생애

테레사 수녀의 이름은 누구나 들어 봤을 겁니다. 가톨릭 역사상 가장 유명한 수녀인 테레사는 전 세계인의 존경을 받으며 노벨평화상을 수상한 인물로 널리 알려졌지요. 수녀원에서 소녀들을 가르치는 평범한 수녀였던 그녀는 스스로 '신의 목소리'를 들었다고 한 이후 전혀 다른 삶을 살게 됩니다. 고요하고 평화로운 수녀원에서 벗어나, 가난한 사람들을 돕기 위해 발 벗고 나선 것이지요.

그녀가 인도로 갔을 때 인도는 온갖 문제들로 사회적 갈등이 극에 달해 전쟁이 빈번하고 가난에 허덕이던 상황이었습니다. 인도 사람들은 전쟁, 병, 굶주림으로 죽어 가고 있었지요. 당시 인도는 영국으로부터 막 독립한 상황이었으니, 영국계 수녀회 출신인 테레사 수녀가 인도인에게 곱게 보일 리 없었습니다.

그럼에도 테레사 수녀는 검은 수녀복을 벗어 던진 뒤, 인도인들이 입는 흰색 사리를 걸치고 사람들을 돕기 시작합니다. 흰색 사리는 계급이 존재하는 인도 사회에서 가장 낮은 계급인 천민들이 입던 옷이었습니다. 그녀는 자신이 믿는 종교를 선전하기보다는, 순수하게 그들을 돕기 위해 인도인으로 국적까지 바꾸었습니다.

처음 다섯 명의 아이들을 가르치는 것으로 시작한 테레사의 봉사는 점점 영역을 넓혀 가게 됩니다. 가난한 아이들을 가르치는 것을 넘어서 고아, 나병환자, 미혼모 들을 돌보게 되면서 마을까지 생겨났지요. 테레사 수녀의 헌신적인 봉사에 대한 소문이 퍼져 나가면서, 그녀 주위로 많은 봉사자들이 모여

들었고, 마침내 '사랑의 선교 수녀회'가 결성됩니다. 사람들은 테레사를 '마더 테레사'라고 부르기 시작했지요. 어머니처럼 위대한 존재라는 뜻입니다.

테레사 수녀가 세계적으로 유명해지자 엄청난 금액의 기부금들이 쏟아졌지만, 그녀는 자신을 위해서는 한 푼도 쓰지 않고 오로지 가난한 사람들을 위해 썼습니다. 노벨평화상을 수상하는 자리에서 그녀는 이렇게 말했습니다.

"저는 배고프고 벌거벗고 집이 없으며 신체에 장애가 있고 사회로부터 돌봄을 받지 못하고 사랑받지 못하며 사회에 짐이 되고 모든 이들이 외면하는 이들의 이름으로 이 상을 기쁘게 받습니다."

더불어 상금을 받으며 그녀는 "이 돈이면 몇 개의 빵을 살 수 있을까요?"라고 말하기도 했지요. 그녀는 생을 마감하는 순간까지 가난한 사람들 곁에서 헌신하며 사랑을 베풀었습니다.

족이나 국가라는 신을 말이지요. 그 결과, 자기를 희생해서 싸우라는 내면의 목소리에 복종할 수 있었던 것이지요.

물론 이건 어디까지나 정신분석학의 방식대로 설명한 것입니다. 이러한 설명이 인간의 이타성을 이해하는 데 충분할 수는 없습니다. 타인을 돕는 이유가 오직 '이드를 만족시키기 위해서'라거나 내면의 목소리인 '초자아에 복종해서'라는 식의 설명은 빈약하고 추상적이지요. 특히, 이드를 만족시키기 위한 자아의 역할이라는 건 진화심리학에서 말하는 호혜적 이타주의와 크게 다르지 않고, 초자아에 대한 복종도 진화심리학의 집단선택과 유사합니다.

즉, 이드나 초자아에 치중한 설명은 결정적으로 우리가 누군가를 도울 때 개입하는 '주체적인 선택'이라는 측면을 간과하기 쉽습니다. 인간이 항상 내면의 충동이나 초자아에 휩쓸리거나 지배당해서, 혹은 자기 충족을 위해 남을 돕는 것은 아닙니다. 우리는 이드의 충족이나 초자아의 명령을 넘어서, 가장 정당하다고 믿는 것, 가장 옳다고 생각되는 것을 주저 없이 실행하기도 합니다. 타인을 도울 때 가장 중요한 것도 '우리의 자발적인 선택'일 수 있습니다.

이 책의 후반부에서는 이처럼 우리의 선택과 관련된 보다 깊이 있는 이야기를 펼쳐 나갈 것입니다. 다만, 우리는 다양한 생각의 프레임(frame)을 가질 필요가 있습니다. 이를 통해 진실에 가까이 다가가는 것이지요. 그러면, 이제 논의를 조금 더 발전시켜서 정신분석학자 자크 라캉의 이야기를 들어 보겠습니다.

라캉의 상담실 이미지와 언어의 세계

정신분석학자 자크 라캉의 사상은 대단히 난해하고 복잡한 것으로 악명 높습니다. 그는 프로이트 사후 약 10년이 지난 1950년대 무렵 '프로이트로 돌아가자!'라는 구호를 내세우면서 등장합니다. 프로이트가 창시한 정신분석학을 계승한 이들은 크게 두 갈래로 나뉘게 되는데, 하나는 그의 개념들 중에서 '자아'를 강조하는 경향이고, 다른 하나가 '이드' 즉 '충동 그 자체'를 강조하는 계열입니다. 라캉은 두 번째 계열에 속하는 학자로서, 충동 그 자체를 강조하며 독특한 사상을 구축합니다. 최근에는 슬라보예 지젝(Slavoj zizek, 1949~)이라는 철학자가 라캉의 사상을 계승하며 다시 화두가 되고 있지요.

사실 라캉이 '프로이트로의 복귀'를 선언하긴 했으나, 여러 면에서 프로이트와는 큰 차이를 보입니다. 우선, 프로이트는 주로 인간의 '생물학적인 성충동'과 관련하여 논의를 풀어 나갔습니다. 특히 프로이트가 중요하게 생각한 것이 '남근(성기)'과 '거세'였는데 이때도 그것은 생식기로서의 성기를 가리키는 말이었습니다.

반면, 라캉은 성충동을 '충동 일반'으로 범주를 넓혔다고 볼 수 있습니다. 특히 충동에서 '죽음충동'이 강조됩니다. 인간이 원하는 궁극적인 쾌락은 성적 쾌락이지만 동시에 그것은 죽음에 대한 충동이라는 것이지요. 성적 쾌락이 죽음충동이라고? 곧장 이해되지는 않습니다.

그렇다면, 이 말을 한번 생각해 봅시다. "죽어도 좋아." 이런 말을 들어 본 적 있나요? 혹은 "죽을 것처럼 좋아."라든가, "죽을 만큼 행복해."라든지요. 우리는 극도로 행복할 때, 혹은 최고의 쾌락을 느낄 때 그 자리에서 죽고 싶어질지도 모릅니다. 왜냐하면 그 순간은 곧 지나갈 테고, 그러면 그 순간보다는 덜 행복하고 덜 쾌락을 느끼는 상태가 다시 찾아올 테니 말이지요. 사실 라캉은 궁극의 쾌락은 살아 있는 인간이 결코 경험할 수 없다고 말합니다. 그걸 경험하는 동시에 죽어 버리고 마니까요. 우리는 살기 위해 쾌락의 절정에 다다르기 전에 삶으로 돌아와야만 합니다. 아니면 미쳐 버리거나 죽어 버리고 말 겁니다.

이처럼 충동에 '죽음'까지 포함시켜 버린 건 사실 프로이트의 생각이기도 했습니다. 다만 프로이트는 '성충동'과 '죽음충동'을 나누어서 별개의 충동이라 생각한 반면, 라캉은 두 가지가 사실은 동일한 충동이라고 본 것이지요. 이처럼 프로이트의 사상과 라캉의 사상은 가장 기본이 되는 전제에서 차이가 납니다. 이에 더해 라캉은 프로이트에게는 없었던 개념을 만들어 내는데, 바로 상상계, 상징계, 실재계입니다.

이제부터 라캉의 본격적인 사상이 시작됩니다. 이 독특한 사상은 단번에 이해하긴 어려울 수 있지만, 일단 이해만 한다면 나 자신에 대해 그동안 경험하고 느낀 것 이상의 놀랍고 새로운 면들을 알 수 있게 됩니다! 우리가 무슨 생각으로, 무슨 의도로, 왜 타인을 돕는지에 대해 해명할 또 하나의 길이 열리는 것이지요.

우선, 상상계는 우리가 경험하는 '이미지의 세계'와 관련된 개념입니다. '나는 누구인가?'라는 질문에 여러분은 무엇을 가장 먼저 떠올리나요? 아마 거울 속에 비친 내 모습을 먼저 떠올릴 겁니다. 아무도 자기 모습을 직접 볼 수는 없지요. 우리는 거울이나 사진을 통해서만 자기를 볼 수 있고, '그 이미지=나'라고 생각합니다.

여기서 중요한 건 '그 거울 속 이미지'가 진짜 나는 아니라는 사실입니다. 이미지는 어디까지나 내 밖에 있는 것이니 나 자신은 아니지요. 그런데 우리는 모두 '나'를 생각하면서 내 이미지를 떠올립니다. 내 바깥에 있는 것을 나 자신이랑 똑같이 여기게 됨으로써 분열이 일어나는 것이지요. 누구나 거울을 보면서, 혹은 사진 속의 내 모습을 보면서 '어, 내가 이렇게 생겼나?'라는 생각을 해 본 적이 있을 겁니다. 그 모습은 내 기대보다 못생겼기도 하고, 잘생겼기도 하지요. 이처럼 우리는 늘 '나의 이미지'를 가지고 살아가는데, 그 이미지는 근본적으로 착각이자 상상이라 할 수 있습니다.

두 번째로, 상징계는 우리가 사용하는 '언어의 세계'와 관련된 개념

슬라보예 지젝

자크 라캉의 정신분석을 이야기할 때 빼놓을 수 없는 사람이 있습니다. 바로 슬라보예 지젝이지요. 지젝은 난해해서 학자들조차 이해하기 쉽지 않던 라캉의 이론을 대중적으로 널리 알린 사람으로 유명합니다. 특히, 영화와 정신분석을 절묘하게 결합하면서 서유럽 학자들로부터 '동유럽의 기적'이라는 칭호를 받기도 합니다. 철학계에서 동유럽이란 거의 불모지나 다름없었고, 지젝은 동유럽의 옛 유고연방이었던 슬로베니아에서 태어났기 때문이지요. 보통 사람이 거의 이해할 수 없는 라캉의 글에 비해, 지젝의 글은 읽는 사람을 끌어당기는 마력이 있습니다.

우리나라에도 여러 번 방문한 지젝은 다방면으로 활동하는 철학자로 알려져 있습니다. 비록 5위에 그쳐서 당선에는 실패했지만 대통령 선거에 출마한 적도 있을 정도입니다. 또, 그는 2011년 미국의 '월스트리트를 점령하라'는 구호를 내건 시위에 나서서 명연설을 한 것으로도 유명합니다. 그 외에도 전 세계를 떠돌며 자신의 사상을 전파하고 있는 실전 철학자입니다. 책도 거의 매년 한 권씩 펴낼 정도로 왕성하게 집필 활동을 하고 있지요.

한편, 유명한 사회학자인 에릭 홉스봄(Eric Hobsbawm, 1917~2012)은 지젝을 가리켜 '공연자'라고 조롱하기도 합니다. 진지하게 학문에 몰두하기보다는, 여기저기 돌아다니며 쇼를 하고 말장난만 한다는 것이지요. 특히 지젝은 정치적으로 대표적인 '좌파' 철학자인데, 실제로는 좌파 우파 가리지 않고 맹렬하게 비판하기 때문에 어느 진영에서도 환영받지 못하기도 합니다. 그런가 하면 아내와 이혼하고 모델 출신의 어린 제자와 재혼한다거나, 모택동과 공산주의를 찬양한다거나, 영화 평론을 써 놓고 그 영화를 본 적이 없다고 당당하게 말하는 등 온갖 특이한 언행들을 보여 왔습니다. 아무튼 여러 모로 논란을 이끌고 다니는 철학자입니다.

그럼에도 슬라보예 지젝은 매력적인 철학자임에 틀림없습니다. 마르크스와 라캉, 영화와 정신분석, 정치와 철학 같은 서로 엮기 쉽지 않는 영역들을 버무려 내는 화려한 언변과 필력에 감탄하지 않을 수 없지요. 철학과 인문학이 점점 변방으로 내몰리고 있는 시대에, 이런 매력적인 철학자들이 등장해서 세상을 휘저어 주는 것도 나쁘진 않은 일이겠지요.

입니다. 다시 '나는 누구인가?'라는 질문을 던져 봅시다. 일단 내 겉
모습의 이미지를 제외하면, 나는 나를 뭐라고 생각할까요? 아마 어떤
표지, 표식, 단어, 상징들로 나를 규정할 겁니다. 가령, 나는 어느 학교
출신이고, 누구누구의 자식이거나 부모이고, 어떤 직업을 가지고 있
으며, 이러저러한 사회적 지위를 가졌다 하는 식으로 자신을 설명하
겠지요.

그런데 가만 생각해 보면, 이런 것들 역시 '진짜 나'는 아닙니다. 우
리 인간은 모두 언어로 자기 자신을 설명하며 살아가지만, 언어가 우
리의 모든 것을 다 담을 수는 없기 때문이지요. 그럼에도 언어가 없
었다면 인간의 문명과 사회 체계 등 대부분이 이루어지지 못했을 겁
니다. 인간은 언어적 존재이고, 필수적으로 언어의 세계 속에서 살아
가야 합니다. 그렇기에 우리는 언어로 끊임없이 내가 어떤 사람인지
생각하고 표현하지요. 그러나 언어를 통해도 나를 설명하는 데는 완
벽하지 않습니다.

마지막으로, 실재계는 이미지도 언어도 아닌 영역입니다. 이런 영
역을 우리는 상상이나 할 수 있을까요? 그럼에도 그런 영역이 존재한
다는 건 압니다. 예를 들어, 우리에게 자동차는 바퀴가 네 개 달려 있
고 철판으로 둘러싸인 물체라는 이미지인 동시에 '자동차'라는 언어
그 자체로 설명됩니다. 제가 방금 언어로 자동차를 설명했지요. 이미
지도, 언어도 아닌 자동차? 그런 물질? 그런 물체? 그게 뭘까요? 뭔지

는 알 수 없지만, 그것이 실재계입니다.

'나' 역시 마찬가지입니다. 나는 나를 '나의 이미지'이자 동시에 언어로 설명할 수 있는 어떤 존재라고 생각합니다. 상상계이자 상징계의 존재로 생각하는 것이지요. 그런데 정말 그 두 가지가 우리의 전부일까요? 라캉은 아니라고 말합니다. 이미지와 언어는 실재의 나를 덮고 있는 것일 뿐이지요. 우리는 그렇게 이미지와 언어로 덮인 세계 속에서 살아가지만, 때때로 그 틈을 뚫고 '진짜 나'가 튀어나오기도 합니다. 도저히 설명할 수도, 이해할 수도, 상상할 수도 없는 이상한 충동적 행위들이 '실재의 나'를 가리키는 것이지요.

간단하게 라캉의 개념들에 대해 이야기해 봤습니다. 괜히 머리만 복잡해지게 왜 이런 이야기를 하느냐고요? 앞으로는 이 세 가지 영역이 어떻게 우리가 남을 도울 때 개입하는지 살펴볼 겁니다. 더불어 수많은 착각과 오인 속에서 살아가는 우리네 삶도 함께 이야기하게 될 것입니다.

나르시시즘의 이타성 남을 돕는 내 모습을 너무 사랑해

혹시 나르시시즘(Narcissism)이라는 말을 들어 본 적 있나요? 이 말은 그리스 신화에 등장하는 나르키소스(Narcissus)로부터 유래되었습니다. 미소년 나르키소스는 연못에 비친 자기의 모습을 너무나 사랑한 나머지, 결국 물속에 빠져 죽고 말았지요. '나르시시즘'은 이처럼 자기 자신을 사랑하는 것, 즉 '자기애(自己愛)'를 의미합니다.

현대인은 대부분 자기 자신을 무척 사랑합니다. 옛날 사람이라고 다르진 않았겠지만, 최근으로 오면 올수록 '자기 자신'의 소중함에 대한 관념이 널리 퍼지고 있지요. 과거에는 가족을 위해서, 마을을 위해서, 국가를 위해서 자기를 희생하는 일이 흔했지만 오늘날의 청년들에게 국가를 위해 자기를 희생한다는 건 터무니없는 일이 되었습니다. 심지어 국가가 마음에 안 든다며 다른 나라로 이민을 가 버리기도 합니다.

이런 세태에 대해 요즘 "젊은이들은 너무 이기적이다!"라고 한탄하는 사람들도 있지만, 비로소 사람들이 자기 자신의 삶, 꿈, 욕망을 소중히 여기게 되었다고도 볼 수 있습니다. 모든 새로운 현상에는 부정적인 점과 긍정적인 점이 함께 있기 마련이지요. 현대인의 '자기애'적인 성향도 그렇다고 볼 수 있습니다.

갑자기 왜 그리스 신화에서부터 '자기애' 이야기를 하냐고요? 요즘에는 '나르시시즘'이라는 말을 많이 쓰지만, 사실상 그 말이 처음 쓰인 건 정신분석학에서였습니다. 라캉에게 나르시시즘은 특히 '상상계'와 관련된 개념이지요.

조금 전 나르시시즘이 연못에 비친 자기 이미지를 사랑한 나르키소스에게서 비롯된 단어라는 얘기를 했지요. 여기에서 핵심은 '이미지'입니다. 나르시시즘은 자기 자신을 사랑하는 것인데, 더 정확히 말하면 '자기 이미지'를 사랑하는 걸 의미합니다. 그런데 앞에서 말했다시피 이 '자기 이미지'가 자기 자신은 아닙니다.

만약 나르키소스가 정말 자기 자신을 사랑했다면 연못에 빠져 죽었을까요? 아니겠지요, 아마 정신 차려서 일도 하고 연애도 하고 제대로 살아갔을 겁니다. 그는 자기 자신이 아니라 자기 이미지를 사랑하는 착각, 즉 '오인'에 빠져 버리고 말았던 것이지요.

이 신화는 생각보다 심오한 의미를 담고 있습니다. 그럼 다시 문제를 제기해 보겠습니다. 나르키소스가 사랑한 '연못에 비친 이미지'는 진짜 자기 자신의 얼굴이었을까요? 혹시 그 연못은 비치는 사람을 유난히 예뻐 보이게 만드는 마법의 연못은 아니었을까요? 때때로 조명이나 각도에 따라서 자신의 얼굴이 조금 더 예쁘게 보이는 걸 경험한 적이 있을 겁니다. 그중 가장 예쁘고 멋진 이미지만을 골라서 '암, 이게 나지.'라고 한다면 여러분 역시 나르시시즘의 초기 증상을 가지고 있다고 볼 수 있습니다!

라캉은 이렇게 이미지로 구성한 자기 자신을 '자아'라고 말합니다. 이 자아가 프로이트의 자아와는 다르다는 걸 기억합시다. 프로이트의 자아는 이드의 쾌락 원칙을 다스리는 현실 원칙이었습니다. 자기 마음대로 성적 쾌락을 충족시키고 싶어 하는 이드를 구슬리고 꾸짖어

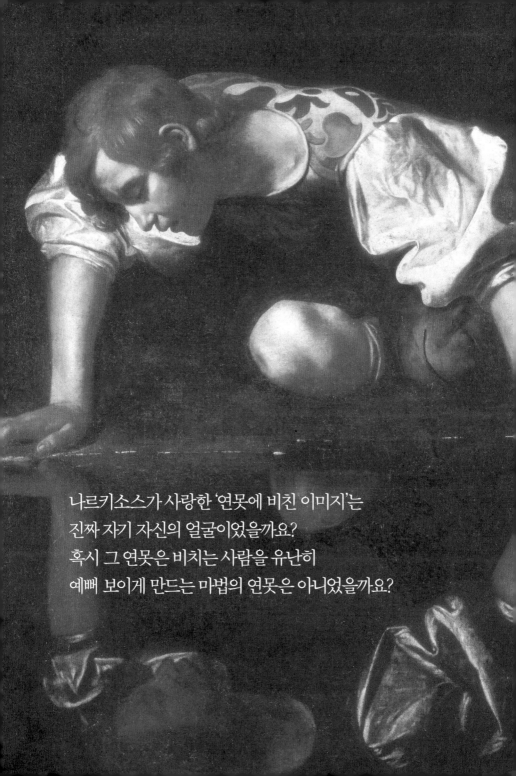

나르키소스가 사랑한 '연못에 비친 이미지'는
진짜 자기 자신의 얼굴이었을까요?
혹시 그 연못은 비치는 사람을 유난히
예뻐 보이게 만드는 마법의 연못은 아니었을까요?

서 정상적인 생활이 가능하도록 도와주는 것이 프로이트의 자아였지요. 반면, 라캉의 자아는 '나 자신이라고 착각한 이미지'입니다. 이렇게 라캉은 프로이트의 개념들을 바꾸어 자기 식대로 사용합니다.

이러한 자아는 꼭 외모만을 의미하지는 않습니다. 특히 내가 상상하는 나의 이상적인 모습을 '이상적 자아'라고 하지요. '언젠가 나는 인기가 많은 스타가 될 거야.'라고 상상할 때 그 스타의 모습이 이상적 자아입니다. 혹은 자기가 아주 완벽하고 멋진 사람이라고 믿는 것도 이상적 자아라고 볼 수 있습니다. 자기가 상상한 이미지와 자기를 동일시하는 것이지요.

나르시시즘에 빠져 있는 사람은 오직 자기 이미지와만 관계를 맺고 싶어 합니다. 그런데 실제로 '나를 어떻게 보느냐'는 나뿐만 아니라 주변 사람들도 중요한 역할을 하지요. 사람들이 나를 나쁘게 본다면, 나르시시스트(Narcissist; 나르시시즘에 빠진 사람)는 굉장히 힘들 수밖에 없을 겁니다. 내가 생각할 때 나는 멋진 인간인데, 다른 사람들이 나를 멋지게 보지 않는다면 그보다 괴로운 일이 어디 있을까요?

그래서 나르시시스트는 한 가지 방책을 생각해 낼 수 있습니다. 바로 '내 이웃을 내 몸(내 이미지)과 같이 사랑'해 버리는 것이지요. 나르시시스트는 타인을 도우면서, 특히 자기를 희생하며 헌신적으로 누군가를 도우면서 자기도취에 빠집니다. 자기가 정말 착하고 멋진 사람이라는 '자기 이미지'에 빠져서 남을 돕는 것이지요. '아, 이렇게 남

나르키소스와 에코 이야기

나르키소스와 에코(Echo)에 담긴 구구절절한 사연을 알고 있나요? 나르키소스는 수선화, 에코는 메아리라는 뜻이지요. 알고 보면, 이 단어에는 슬프고도 아름다운 신화가 숨어 있습니다.

우선, 에코 이야기부터 들어 보겠습니다. 그리스 신화의 신들은 대부분 엄청난 바람둥이들입니다. 신들끼리 바람을 피우기도 하고, 사람을 겁탈하기도 하지요. 최고신 제우스 역시 다르지 않습니다. 제우스는 어느 날 부인 몰래, 님프들(요정들)과 노닥거리며 놀고 있었지요. 그의 무서운 부인 헤라는 남편에 대한 정보를 입수하고, 그를 찾아다니고 있었습니다. 그러다가 헤라는 에코를 만나 제우스의 행방을 묻는데, 에코는 님프들을 보호하기 위해 헤라에게 끊임없이 수다를 늘어놓으면서 방해합니다. 결국 에코 때문에 제우스의 불륜 현장을 포착하지 못한 헤라는 그녀에게 '혀를 못 쓰는' 벌을 내리지요. 그 결과 에코는 다른 사람의 마지막 말만 따라할 수 있게 되어 버립니다. 이게 바로 메아리 에코의 사연입니다.

그렇다면 나르키소스는 누구일까요? 간단히 말해, 나르키소스는 그리스 신화에서 가장 유명한 미소년입니다. 아름다운 외모를 지녔을 뿐만 아니라 요즘 식으로 말해 '차도남(차가운 도시의 남자)' 부류였지요. 수많은 요정이 나르키소스를 사랑하고 갈망했지만 그는 눈길 한 번 주지 않았습니다. 에코 역시 나르키소스를 보자마자 사랑에 빠지고 말았습니다. 이미 '혀를 사용할 수 없는' 상태에서 말입니다.

에코는 나르키소스를 따라다니며 몰래 지켜보곤 했는데, 나르키소스의 마지막 말 몇 마디만 따라할 수 있을 뿐이었습니다. 나르키소스는 그 목소리에 매력을 느껴 "어서 나와라, 나랑 만나자!"라고 소리쳤습니다. 에코는 기쁜 마음에 달려 나가 나르키소스를 덥석 껴안았는데, 곧바로 돌변한 이 변덕스러운 차도남은 "당장 떨어져라! 내가 너한테 안길 바에야 그냥 죽는 게 낫겠다."라며 냉담하게 굽니다. 에코는 실연의 아픔에 빠진 채로 동굴로 숨어들고, 극심한 슬픔으로 인해 그녀의 살은 사라지고 뼈는 바위가 되어 버립니다.

그러면 나르키소스는 어떻게 되었을까요? 그는 계속 뭇 여성들의 마음을 아프게 하고 다닙니다. 그러다가 나르키소스에게 버림받은 한 님프가 복수의 여신 네메시스(Nemesis)에게 나르키소스가 자신과 똑같은 괴로움을 겪게 해 달라고 간청합니다. 여신은 나르키소스에게 저주를 내림으로써 그 부탁을 들어주지요. 그 저주가 바로 '나르시시즘'입니다. 자기 자신의 모습을 사랑하게 되는 저주지요. 나르키소스는 연못에 비친 얼굴이 물속에 사는 요정이라고 생각했고, 자신의 마음을 받아 주지 않는 상대를 갈망하며 연못가에서 메말라 갔습니다. 목소리만 남은 에코 역시 나르키소스 옆에서 그를 바라보고 있었지요. 결국 그는 그 자리에서 죽고 맙니다. 얼마 뒤 그 자리에 꽃잎의 가운데는 자줏빛이고 둘레는 흰색인 꽃 한 송이가 발견되었지요. 그 꽃이 바로 수선화(Narcissus)입니다.

을 돕는 내 모습을 봐, 나는 얼마나 멋진 인간인가!'

그런 사람을 생각하면 혹시 소름이 돋나요? 혹은 재수 없다고 느끼나요? 그러나 아마 사람은 누구나 다 이런 점을 조금은 갖고 있을 겁니다. 물론 남을 돕는 자기 모습이 너무나 사랑스러워서 자기 삶도 내던져 버릴 정도라면 문제가 있다고 봐야겠지만, 나르시시즘은 우리의 일상생활에서 언제나 조금씩은 작용하고 있습니다.

어느 햇볕 좋은 날, 멋지게 옷을 빼입고 거리로 나섰을 때를 생각해 봅시다. 세상이 온통 아름다워 보이고 기분도 상쾌합니다. 길을 오가는 사람들마저 다들 호감 어린 눈빛으로 나를 바라보는 것 같습니다. 그럴 때, 갑자기 멀지 않은 곳에서 한 노인이 쓰러집니다. 주변에는 노인을 도와주려는 다른 사람들도 있습니다. 평소라면 그냥 지나쳤을 테지만 그날따라 유난히 그 노인에게 달려가서 기꺼이 노인을 도와주고 싶습니다! 이런 상태야말로 나르시시즘적 상태라고 볼수 있지요.

사람은 왜 도울까? 나르시시스트라면 이렇게 대답할 겁니다. '내 모습을 너무 사랑하니까!'

대타자의 이타성 당신이 돕는지 지켜보고 있다

라캉 정신분석학에서 무엇이 가장 중요한가, 라고 묻는다면 학자들마다 대답이 다를 겁니다. 그럼에도 '언어'의 중요성을 부정할 사람은 없을 겁니다. 라캉은 인간이 '언어'를 사용하게 됨으로써 모든 게 달라졌다고 말합니다. 인간은 언어적 존재이고, 인간 무의식도 언어의 산물입니다. 간단히 생각해 봐도, 이 세상에 단어와 문법을 만들어서 말을 하고 글을 쓰는 동물은 인간 외에 존재하지 않지요.

그런데 '그게 뭐?'라는 생각이 우선 듭니다. 언어로 생각하고 말하고 글 쓰는 게 어째서 그렇게 중요한 일이라는 걸까요? 앞에서도 간단하게 설명했지만, 언어에는 항상 한계가 있기 때문입니다. '사랑한다'는 말을 한번 생각해 보지요. 그 말은 과연 얼마나 우리의 감정이나 상태를 설명할 수 있을까요? 자식을 사랑하는 것과 애인을 사랑하는 것, 애완동물을 사랑하는 것과 신상 구두나 스마트폰을 사랑하는 건 각기 그 맥락이 전혀 다른데도 똑같이 '사랑'이라는 단어를 씁니다. 그뿐인가요? 사랑을 하다 보면, 한결같이 사랑하는 마음이 유지되는 것이 아니라 미울 때도, 야속할 때도, 실망스러울 때도 있습니다. 그렇다 해도 우리는 그런 다양한 감정들을 한데 묶어 '사랑한다'고 말하지요. 집착이나 소유욕으로 상대를 옭아매고 괴롭히면서도 사랑이라 하고, 너그러운 마음으로 상대가 원하는 삶을 지지하고 응

우리는 다양한 감정들을 한데 묶어
'사랑한다'고 말하지요.
집착이나 소유욕으로 상대를 옭아매고
괴롭히면서도 사랑이라 하고,
너그러운 마음으로 상대가 원하는 삶을 지지하고
응원하며 지켜보는 것도 사랑이라 합니다.

원하며 지켜보는 것도 사랑이라 합니다.

이처럼 언어는 실제 현실이나 현상을 완벽하게 설명해 내지는 못합니다. 어떤 현상을 언어로 설명하고 나면, 언제나 설명되지 않는 부분, 즉 '잉여'가 남습니다. 우리는 '언어의 세계' 즉 상징계 속에 살아가기 때문에 늘 그러한 남는 부분을 가질 수밖에 없습니다. 나라는 존재도, 너라는 존재도 우리는 결코 완벽하게 알 수 없지요. 언어로 이해하는 건 한계가 있으니까요. 나는 누구? 너는 누구? '말'만으로는 백날 생각하고 떠들어도, 오해되고 어긋나고 불충분한 부분이 반드시 남습니다. 이것이 바로 언어의 한계입니다.

그렇게 보면, 우리는 늘 한계 속에서 살아가는 셈입니다. 나아가 나 자신이 분열되어 있다고도 볼 수 있습니다. 실제로는 완전한 내가 아닌 걸 나라고 믿고 살아가니까요. 내 이름, 내 외모, 내 역할, 내 직업, 내 취향, 내 성격, 내 인간관계, 내 신념……. 내가 생각하는 나라는 인간의 특징은 실제의 나와 완벽하게 일치할 수는 없습니다. 다만 그렇게 '믿을' 뿐입니다. 이처럼 언어로 인해, 라캉 식으로 말하면 '상징계로 진입한 인간' 즉 '상징계 속에 살아가는 인간'의 특성상 우리는 분열된 존재일 수밖에 없습니다.

이처럼 상징계 속에서 분열된 인간, 언어를 사용함으로써 자기 자신으로부터 분리된 인간을 '주체'라고 합니다. 앞에서 상상계 속에서 자기의 이미지를 자기라고 믿는 것을 '자아'라고 했지요. 인간, 즉 우리는 이처럼 '(상징계적) 주체'이자 '(상상계적) 자아'로 살아갑니다.

나는 언어를 통해 비로소 내가 됩니다. 내 꿈과 미래, 내가 중요하게 생각하는 가치를 언어로 표현할 수 없다면, 과거에 무엇을 했으며 지금은 어떤 존재인지를 말로 설명할 수 없다면, 우리는 우리 자신일 수 있을까요? 언어의 상실은 곧 존재(나)의 상실이라는 게 라캉의 설명입니다. 이런 점을 인정한다면, 한 단계 더 깊이 들어가 볼 수 있습니다.

라캉은 늘 우리를 바라보고 우리에게 우리가 누구냐고 묻는 존재가 있다고 말합니다. 그런 응시와 물음의 존재를 '대타자(Other)'라고 하지요. 앞에서 '타자'란 내가 아닌 다른 존재를 의미하는 단어라고 했습니다. 여기서 대타자는 말 그대로 '큰 타자'입니다. 그냥 내 주변에 있는 다른 사람들이나 다른 사물들이 아니라, 훨씬 더 크고 어마어마해서 볼 수도 만질 수도 없는 추상적 존재가 대타자입니다. 이 대타자가 항상 우리를 바라보며, 우리에게 '너는 누구냐'라고 묻고 있다는 것이지요.

어쩐지 공포 영화나 스릴러 영화가 생각나는 대목입니다. 계속해서 나를 바라보고 있는 존재가 있다니? 영화 〈반지의 제왕(The Lord Of The Rings)〉에 등장하는 탑 위의 거대한 '눈'인 사우론을 기억하나요? 바로 그런 존재가 우리 안에 있다는 것이지요. 그래서 우리는 끊임없이 그 존재의 질문에 대답합니다. 내가 누구냐고? 나는 변호사가 꿈

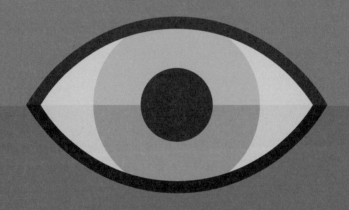

라캉은 늘 우리를 바라보고
우리에게 우리가 누구냐고 묻는 존재가 있다고 말합니다.
그런 응시와 물음의 존재를 '대타자'라고 하지요.

인 사람이야, 나는 부모님의 희망이야, 나는 반만년 역사를 지닌 국가의 시민이야, 나는 세상에서 아주 중요한 역할을 할 사람이야, 같은 식으로 말이지요.

여기서 라캉 사상의 진면목이 나옵니다. 바로 우리의 '욕망이 대타자의 욕망이다'라고 말하는 점이지요. 이를 달리 말하면, '내 꿈은 대타자의 꿈이다.'라거나 '내 사랑은 대타자의 사랑이다.' 혹은 '내 취향은 대타자의 취향이다.'라고도 말할 수 있습니다. 예를 들어, 내가 "내 꿈은 대통령이야!"라고 말할 때 그 말을 들어 주는 건 누구일까요? 내 친구, 부모님, 선생님이 들어 줄 수도 있겠지만, 혼자 일기장에 쓴다면? 바로 그걸 듣는 존재가 내 안의 대타자입니다.

나는 내 안의 대타자를 향해 끊임없이 '나는 어떤 사람이야'라고 말합니다. 누군가를 사랑할 때도, 나는 대타자에게 '나는 이런 남자(여자)를 사랑하는 사람이야'라고 말합니다. 내가 어떤 연예인을 좋아할 때도, 어떤 음식을 좋아할 때도 마찬가지입니다. 만약 일기를 쓰는 사람이 있다면, 바로 일기장이 대타자라고 생각해도 좋습니다. 일기를 쓰지 않더라도, 우리는 머릿속에서 계속 나 자신이 어떠어떠한 사람이라고 생각합니다. 뇌 안에 대타자가 들어 있어서 우리의 말을 듣고 있다고 볼 수 있는 거지요.

그럼, 이제 '내 욕망이 대타자의 욕망'이라는 말에 대해 이야기해 보지요. 만약, 내가 조선 시대 양반으로 태어났다면 내 욕망은 과거에 급제하여 고급 관리가 되는 것일 수 있습니다. 왕의 아들로 태어났다면, 형제들을 제치고 다음 왕이 되는 거겠지요. 혹은 농부의 아들로 태어났다면, 아버지를 이어 훌륭한 농사꾼이 되고자 할 겁니다. 아니면, 고향을 떠나 세상을 방랑하는 광대가 되고 싶어 할 수도 있겠지만, 왕의 꿈을 품기는 어렵겠지요.

이렇게 저마다 꿈이 다른 이유는 그들의 대타자가 모두 다르기 때문입니다. 농부의 아들 속 대타자는 미리부터 '왕이 될 수 있다.'라는 생각을 제거해 버립니다. 왕이 되리라는 꿈조차 꾸지 못하게 하는 것이지요. 농부 아들은 "내 꿈은 농부야!"라고 외칠 수 있겠지만, 그 꿈역시 대타자가 미리 정해 놓은 겁니다. 그런데 농부의 아들이 "내 꿈은 광대야!"라고 하는 경우는 어떨까요? 조금 더 자유로운 선택이기는 하되, 왕이나 양반이 될 수는 없으니 대타자가 '너는 광대라도 꿈꾸어 봐라.'라고 정해 준 것이지요.

그렇다면 신분 제도가 철폐된 현대 사회는 어떨까요? 우리는 자기 꿈을 자신이 선택했다고 믿고 있지만, 사실상 대타자가 정한 경우가 많습니다. 자라 온 환경, 대중매체가 유포하는 이미지, 학교에서 받은 교육, 관계 맺은 사람들 등이 이미 우리 꿈을 정해 버리는 것이지요. 내가 '아이돌'이 되고 싶다고 한다면, 사실은 텔레비전이 나를 그렇게 부추긴 겁니다.

라캉이 우리가 분열되어 있다고 한 이야기가 이제 완전히 이해될 겁니다. 그렇다면, 이 책의 주제인 '사람이 서로 돕는 것'에 대해서도 생각해 볼 수 있습니다. 앞에서 나르시시스트가 타인을 도울 때는 자기 스스로 자신의 '자아상'을 보고 있다는 이야기를 했습니다. 반면, 상징계의 주체가 타인을 도울 때는 '대타자'가 자기를 보고 있습니다.

대표적인 것이 '나는 도덕적 인간이다.'라는 생각으로 남을 도울 때입니다. 대타자는 끊임없이 우리에게 "너는 누구냐."라고 묻는다고 했지요. 이때, "나는 도덕적인 사람이야."라고 대답하면, 우리는 나에 대한 규정을 지키고자 도덕적인 행위를 하게 됩니다.

이는 실제로 우리가 하는 대부분의 도덕적인 행위에 적용됩니다. 우리는 때때로 누군가에게 깊은 연민을 느껴서 도와주기도 합니다. 그러나 더 많은 경우에는 왠지 '도와야만 할 것 같아서' 돕습니다. '의리 있는 친구라면 그를 도와야 해.'라든가, '나는 가족이니 당연히 그를 도와야 해.'라는 식으로 마음속 명령을 듣는 것이지요. 프로이트는 이런 명령을 내리는 존재를 초자아라고 했는데, 라캉은 이를 '자아이상(Ego ideal)'이라고 부릅니다. 사실상 둘은 같은 개념이라고 볼 수 있습니다.

다시 이야기해 보지요. 대타자가 묻습니다. "너는 누구냐?" 그러면 내가 대답합니다. "도덕적인 사람이요." 이때, '도덕적인 사람이어야 한다'라는 명령을 내리는 게 자아이상입니다. 너무 복잡한가요? 실제로 우리의 마음 안이 이토록 복잡하게 구성되어 있다는 게 정신분석학의 설명입니다. 자아이상은 우리를 끊임없이 감시하면서 양심과 도덕과 법을 지키게 합니다. 거칠게 말하면, 나는 자아이상의 노예인 셈이지요.

그런데 여기서 한 가지 의문이 들지도 모르겠습니다. 이렇게 복잡한 개념들을 알아서 뭐하나? 그래서 남을 도우라는 거냐, 돕지 말라는 거냐? 정신분석학은 우리 안에 다양한 힘들이 싸우고 있으며, 나는 결코 '온전한 하나'가 아니라고 말합니다. 우리가 이런 이야기를 읽어 나가면서 반드시 기억해야 할 것은 내 행위가 때론 내 의지나 선택이 아닐 수 있다는 겁니다. 아니, 정신분석학은 오히려 '진정한 내 행위'란 거의 없다고 말합니다. 대부분은 우리 안의 어떤 존재가 내리는 명령이거나, 그런 존재로 인한 충동입니다. 한마디로 우리는 분열되어 있고 엉망진창이라는 것이지요!

그래서 남을 돕는 것도 마냥 아름다운 일이 아닐 수 있습니다. 진화심리학은 남을 돕는 건 궁극적으로 '생존'과 '번식'이라는 진화의 대전제 아래 놓여 있다고 말했지요. 정신분석학 역시 우리의 행동들이 결코 순수한 법이 없다고 말합니다. 남을 돕는 건 나르시시즘 때문이거나 '어쩔 수 없기' 때문입니다. 내 안의 존재가 그런 명령을 내리니 나는 따를 수밖에 없습니다. 내 행동의 주인이 내가 아니라는 것이지요.

우리는 텔레비전에 불우한 이웃의 사연이 소개되면, 기꺼이 휴대

폰을 들고 ARS 성금을 보냅니다. 혹은 길에서 다가온 청년들이 간절한 목소리로 아프리카 사람을 돕자고 권유하면, 먼 나라 이웃을 위해 정기 후원 카드를 작성하기도 합니다. 그런데 그게 정말 나의 의지와 선택에 따른 행동일까요? 아닐 수도 있습니다! "그래야 착한 사람이지."라고 속삭이는 내 안의 자아이상 때문일 수도 있고, 후원을 부탁한 청년이 옛 애인을 닮았기 때문일 수도 있습니다.

정신분석학은 우리의 내면을 아주 자세히, 깊이 있게 들여다보라고 말합니다. 그러면 우리 안의 수많은 존재들의 힘겨루기를 확인할 수 있을 거라고 말이지요. 정신분석학의 이야기는 우리에게 명쾌함보다는 혼란을 줍니다. 사실, 그것이야말로 정신분석학이 우리에게 주는 교훈입니다. '사람이 사람을 왜 돕느냐고? 모른다, 그러나 그것이 백 퍼센트 내 의지가 아닌 것만큼은 확실하다.' 이것이 정신분석학의 대답입니다.

충동의 이타성 돕는 일의 고통과 희열

한 아이가 물에 빠졌습니다. 아이는 호수 한가운데로 떠내려가는 중이고, 주위에 그 아이를 도와줄 사람은 나밖에 없습니다. 이런 상황에서 여러분은 아이를 구하기 위해 즉시 물속으로 뛰어들 수 있나요? 수영 선수가 아닌 한 선뜻 호수에 뛰어들기 어려울 겁니다. 대신 119에 신고를 하거나 주변에서 기다란 줄이나 막대기 같은 걸 찾아보겠지요. 그런데, 어떤 사람은 아이를 보자마자 물로 뛰어듭니다. 자신이 수영을 어느 정도 하는지 가늠해 보지도 않고 말이지요.

우리는 흔히 그런 사람을 가리켜 '본능적으로 물에 뛰어들었다.'라고 하거나 '충동적으로 물에 뛰어들었다.'라고 합니다. 두 말은 비슷한 듯하지만, 조금 다릅니다. '본능적 행동'이라는 말은 지극히 자연스러운 행위처럼 들리지만, '충동적 행위'는 어딘지 잘못되거나 부자연스러운 행위처럼 느껴집니다.

실제로 본능은 당연히 그렇게 하도록 되어 있기 때문에 행동하는 걸 의미하지요. 우리는 진화심리학에서 이런 설명을 특히 좋아한다는 걸 알고 있습니다. 그 사람이 왜 물에 뛰어들었냐고요? 그 아이를 보는 순간 '혈연선택'으로 진화한 본능이 작동해서 자기 아이처럼 느껴졌기 때문이겠지요.

반면, 정신분석학은 충동이라는 말을 선호합니다 충동은 그럴싸한 말로 설명되지 않습니다. 오히려 충동은 말로는 설명하기 어려운 '미친 행동'입니다. 물에 빠진 아이가 내 자식도 아니고, 내가 수영을 잘하는 것도 아니고, 무엇보다 물에 들어간다고 아이를 구할 수 있으리란 보장도 없는데 왜 뛰어들어? 정신분석학은 충동 때문이라고 말합니다. 한마디로 '미친 짓'이라는 거지요. 정신분석학에서 인간은 언

'사람이 사람을 왜 돕느냐고?
모른다, 그러나 그것이 백 퍼센트
내 의지가 아닌 것만큼은 확실하다.'
이것이 정신분석학의 대답입니다.

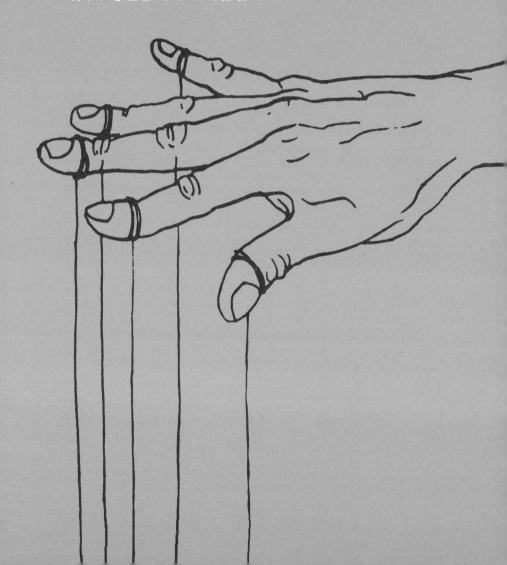

제든 그런 미친 행위를 할 수 있습니다.

아이를 구하러 물에 뛰어든 걸 보고 미친 짓이라니! 그게 할 소리인가, 라는 생각이 들지도 모르겠습니다. 하지만 정신분석학은 우리가 숭고하다고 믿거나, 멋지다고 생각하거나, 아름답다고 보는 행위들이 알고 보면 그렇지 않을 수 있다고 말합니다. 정신분석학 치료의 주요한 목적이 '환상 깨기'라는 점이 이를 분명히 말해 주지요.

그렇다면, 정신분석학에서 말하는 '미친 행동' 즉 '충동'을 이해해볼 차례입니다. 사실, 정신분석학에서 인간은 원래 '충동 에너지 덩어리'라고 볼 수 있습니다. 그런데 이 상태에서 언어를 배움으로써 에너지 덩어리가 비로소 인간이 되는 것이지요. 우리는 언어를 통해 '나'라는 존재가 무엇인지를 알게 되고, 내가 원하는 것들을 규정하고 설명하게 됩니다. 언어라는 커다란 갑옷을 충동 덩어리에 덮어 씌워 버리는 거지요.

혹시 '슬라임(Slime)'을 아시나요? 영화나 소설, 게임에서 자주 나오는 액체 괴물이지요. 우리가 원래 슬라임이었다고 상상해 봅시다. 슬라임은 생각도 할 수 없고, 내가 누구인지 무엇을 원하는지도 모릅니다. 그저 눈앞에 적이 나타나면 충동적으로 싸워서 잡아먹고, 아닐 때는 목적 없이 여기저기 흘러 다니지요.

그런데 여기에 마법의 갑옷을 하나 입히면, 이 슬라임이 생각을 할수 있게 되고 말도 할 수 있게 된다고 가정해 봅시다. 그 갑옷은 입으면 평생 벗을 수 없습니다. 하지만 대신 갑옷을 입게 되면, 내가 누구인지도 알 수 있게 되고 주변에 갑옷을 입은 다른 슬라임들과 이야기하고 관계도 맺을 수 있습니다.

그렇다고 완전히 슬라임일 때의 본성이 사라지는 건 아닙니다. 갑옷 안은 여전히 슬라임으로 가득 차 있기 때문이지요. 그래서 갑옷을 입고 있음에도, 마법이 약해질 때는 슬라임의 본성이 나옵니다. 느닷없이 주변에 있는 다른 갑옷을 공격하거나 겁탈하기도 하는 것이지요. 나는 이미 자기 자신이 '갑옷'이라고 믿지, 슬라임이라고 믿지는 않기 때문에 그런 행동을 스스로도 이해할 수 없습니다. 그럼에도 종종 슬라임으로서의 충동을 느끼며 살아갑니다.

바로 눈치챘겠지만, 여기서 갑옷은 언어입니다. 우리는 언어라는 옷을 입고 살아가지만, 모든 게 언어에 따라서만 움직이는 건 아닙니다. 사실은 우리 안의 슬라임이야말로 우리 자신을, 또 우리의 관계와 욕망을 존재하게 만드는 근원입니다.

그런데 여기서 더 정확히 라캉의 이론을 빗대려면 다음과 같은 이야기가 덧붙여져야 합니다. '원래 우리는 슬라임도 아니었다.'라는 말이지요. 즉, 우리는 원래는 아무것도 아닌 그저 허공의 유령 같은 존재였는데, 갑옷이 생기면서 갑옷 안의 슬라임도 생겼다는 것이지요. 다만, 이런 설명까지 가면 너무 복잡해지니 '원래 우리는 슬라임이었고 그 위에 갑옷을 입었다.'라는 설명으로 만족합시다.

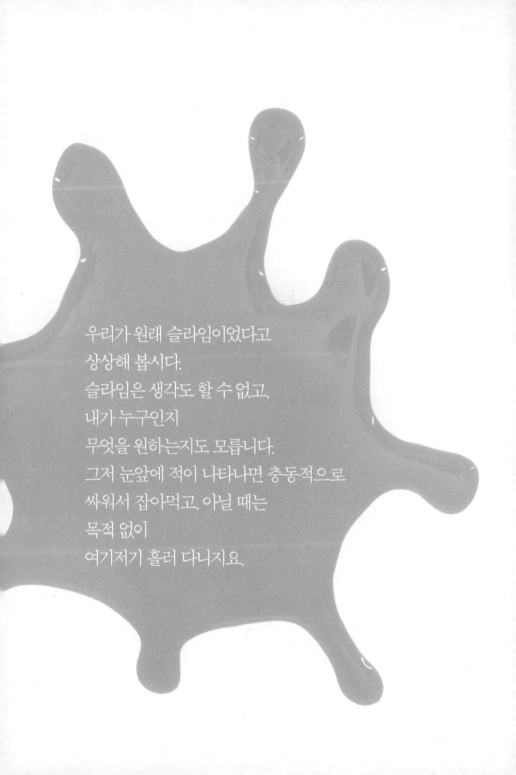

우리가 원래 슬라임이었다고
상상해 봅시다.
슬라임은 생각도 할 수 없고,
내가 누구인지
무엇을 원하는지도 모릅니다.
그저 눈앞에 적이 나타나면 충동적으로
싸워서 잡아먹고, 아닐 때는
목적 없이
여기저기 흘러 다니지요.

우리 인간은 언어라는 갑옷을 입고 상징계 속에 살아가지만, 사실은 늘 슬라임으로 살아가고 싶은 충동을 느낀다는 게 라캉의 설명입니다. 여기서 슬라임이 '실재계의 존재'입니다. 간단히 말해서 '실재'라고도 하지요. 이 실재는 갑옷으로 살아가는 우리 삶에 계속해서 태클을 걸면서 우리가 제대로 갑옷으로 살 수 없게 만들기도 합니다. 그러한 태클이 바로 '충동'이지요.

충동을 따르는 사람은 고통과 희열을 동시에 맛본다고 합니다. 그러한 충동 속에서는 자아나 주체는 붕괴되어 버립니다. 혹시 '짜릿한 쾌감'이라는 말을 들어 보셨나요? 사실 짜릿하다는 것은 몸의 입장에서는 고통을 의미합니다. 일종의 전기 충격이 신체에 가해지는 것이지요. 그런데 우리는 그런 고통 속에서 최고의 쾌락을 느낍니다. 사람들이 무섭고 고통스러운 놀이기구를 일부러 타러 가는 걸 보면, 그 말이 틀린 게 아님을 알 수 있지요.

슬라임으로서 행동하기, 즉 실재의 행위라는 것은 그러한 고통과 쾌락을 동반하는 '미친 뛰어들기'입니다. 수영도 제대로 못하면서 아이를 구하려고 물에 뛰어든 사람은 자신도 모르게 고통과 희열을 동시에 느낄 수 있습니다. 이를 흔히 '죽음충동'이라고 합니다. 라캉은 진화심리학자라면 인정하기 어려운 '죽음을 향한 충동'이 인간에게 있다고 말합니다. 슬라임이 되어 버려서 자기 자신을 잊고 싶은 충동이라고 볼 수 있지요.

우리는 인류 역사상 온갖 고통과 희생을 감수하면서까지 평생에 걸쳐 타인을 위해 헌신한 이들이 있었다는 것을 알고 있습니다. 이런 사람들을 보통 '성인'이라 부르며 존경합니다. 자기 삶을 버리면서까지 타인에게 사랑과 관용을 베푼 그들이 그저 위대하게만 보입니다.

그러나 냉정한 정신분석학의 설명은 조금 다를 수 있습니다. 그들은 그 속에서 고통을 느끼지만 동시에 쾌락과 희열도 맛봅니다. 그들은 더 이상 남들처럼 평생 자기를 설명하기 위해 애쓸 필요가 없습니다. 그리고 그저 그 '미친 행위'를 지속할 뿐입니다. 자기를 제물로 바치고 설명 불가능한 충동에 이끌리는 거지요. 그렇게 끊임없이 죽어가는 사람과 동물을 살려 냅니다. 고통과 희열과 짜릿함을 느끼면서 말이지요. 비록 인간은 영원히 갑옷을 벗을 수 없지만, 그들은 마치 갑옷을 벗어던진 것처럼 행동하는 겁니다. 어떠한 해명도 필요 없는 절대적 헌신. 그건 그런 삶을 산 사람이 아니면 아무도 알지 못하겠지요.

정신분석학을 넘어서

자, 이렇게 2부에서는 정신분석학을 통해 사람이 왜 남을 돕는지에 대한 대답을 찾아보고자 했습니다. 정신분석학은 한마디로 요약하면, '우리 안의 괴물을 만나게 하는 학문'이라고 할 수 있습니다. 정신분석학의 이야기를 들으면서 계속해서 불편한 느낌이 들었다면, 프로이트와 라캉은 목표를 이뤘다는 듯 흐뭇하게 미소를 지을 겁니다. 우리의 마음속은 지금도 넘쳐나는 성충동과 죽음충동, 그리고 나를 주시하고 있는 대타자, 나에게 명령을 내리는 자아이상이나 초자아 등으로 북적거리고 있습니다. 그 속에서 진짜 나를 발견하고 지켜서 진실한 나의 행동을 하기란 무척이나 험난한 일일 겁니다.

정신분석학이 여러 가지 면에서 마음이 작동하는 방식을 연구하여 우리 내면의 구조를 밝혀낸 건 사실입니다. 특히, 라캉의 정신분석은 '이미지로서의 자아'와 '언어로서의 주체' 속에서 우리가 분열되어 방황하며 살아가고 있다는 걸 적나라하게 보여 주었지요. 우리가 얼마나 자기 자신의 주인으로 살아가고 있는지는 여전히 알 수 없고 어려운 문제입니다.

이처럼 정신분석학이 우리의 마음에 대해 많은 걸 알려 줌에도, '사람은 왜 서로 도울까'에 대한 질문에 충분한 답이 되었는가 되짚어 보면 그렇지 않다고 봐야 할 것입니다. 정신분석학 역시 진화심리학처럼 인간의 '무의식'에 초점을 맞추는 터라 우리의 의식적인 결단, 선택, 자유의지에 대해서는 충분히 설명해 주지 않기 때문입니다.

자신의 모습을 사랑하는 나르시시스트는 제 모습에 도취되어 자신도 모르게 남들을 돕는 것입니다. 자기가 왜 남을 돕는지 분명하게 알지 못하는 채로 자기 이미지를 향한 사랑에 빠져 있는 것이지요. 내 안의 대타자가 '남을 도와야 해.'라고 명령하여 누군가를 돕는 것 역시 마찬가지입니다. 그저 남을 도와야 한다는 막연한 의무감으로 이타성을 발휘하는 것이지요. 충동에 의해 남을 돕는 것 역시 유사한 맥락입니다. 고통과 쾌락의 짜릿함에 이끌려 자신을 헌신하게 됩니다. 자, 이러한 설명에 공감하고 만족할 수 있나요?

우리의 질문이 '사람은 왜 무의식적으로 누군가를 돕는가'가 아닌 이상, 여기에서 만족할 수는 없겠지요. 우리는 어떤 순간에 누군가를 돕는 결정을 내립니다. 그건 아주 긴 시간에 걸쳐 이루어질 수도 있고, 순간적으로 이루어질 수도 있습니다. 그때 우리는 단순히 충동적이거나 본능적으로 행동하지만은 않습니다. 어쩌면 인생에서 가장 중요한 결정일 수도 있는 그 '돕는다'라는 행위에 앞서 치밀하게 생각하고, 판단하고, 상상하기도 하기 때문입니다. 나아가 돕는 내내 자신의 행위와 그 결과에 대해 생각하기도 하지요. 테레사 수녀가 초자아의 명령에 복종해서 그 오랜 세월 타인을 도왔다고 볼 수도 있지만, 한편으로 그녀는 평생 신의 존재를 의심하고 물었다고 합니다. 맹목적으로 타인을 돕기보다는, 적극적으로 그 이유와 목적을 찾아 나갔던 것이지요. 이처럼 인간의 '무의식적인' 면뿐만 아니라 '의식적인' 측면이야말로 돕는다는 행위를 해명하는 데 훨씬 중요할 수 있습니다. 앞으로 3부에서는 그러한 측면에 초점을 맞추어 이야기를 펼쳐 나갈 것입니다.

지금까지 우리는 최근 가장 뜨거운 두 학문의 이야기를 들어 보았습니다. 이해하기가 만만치 않고, 우리의 상식을 끊임없이 깨부수고자 도전하는 학문들이지요. 여전히 납득하기 어려울지도 모르겠습니다. 이기적 유전자가 나를 조종하고 있다는 둥, 인간이 죽음충동에 사로잡힌 존재라는 둥 하는 얘기들이 쉽게 와 닿을 리는 없겠지요.

그럼에도 우리는 이런 이야기에 귀를 기울일 필요도 있습니다. 우리의 행동이나 마음이 '내 것'이 아닐 수 있다는 사실을 알고 인정해야만, 진정한 내가 될 수 있는 가능성도 생기기 때문입니다.

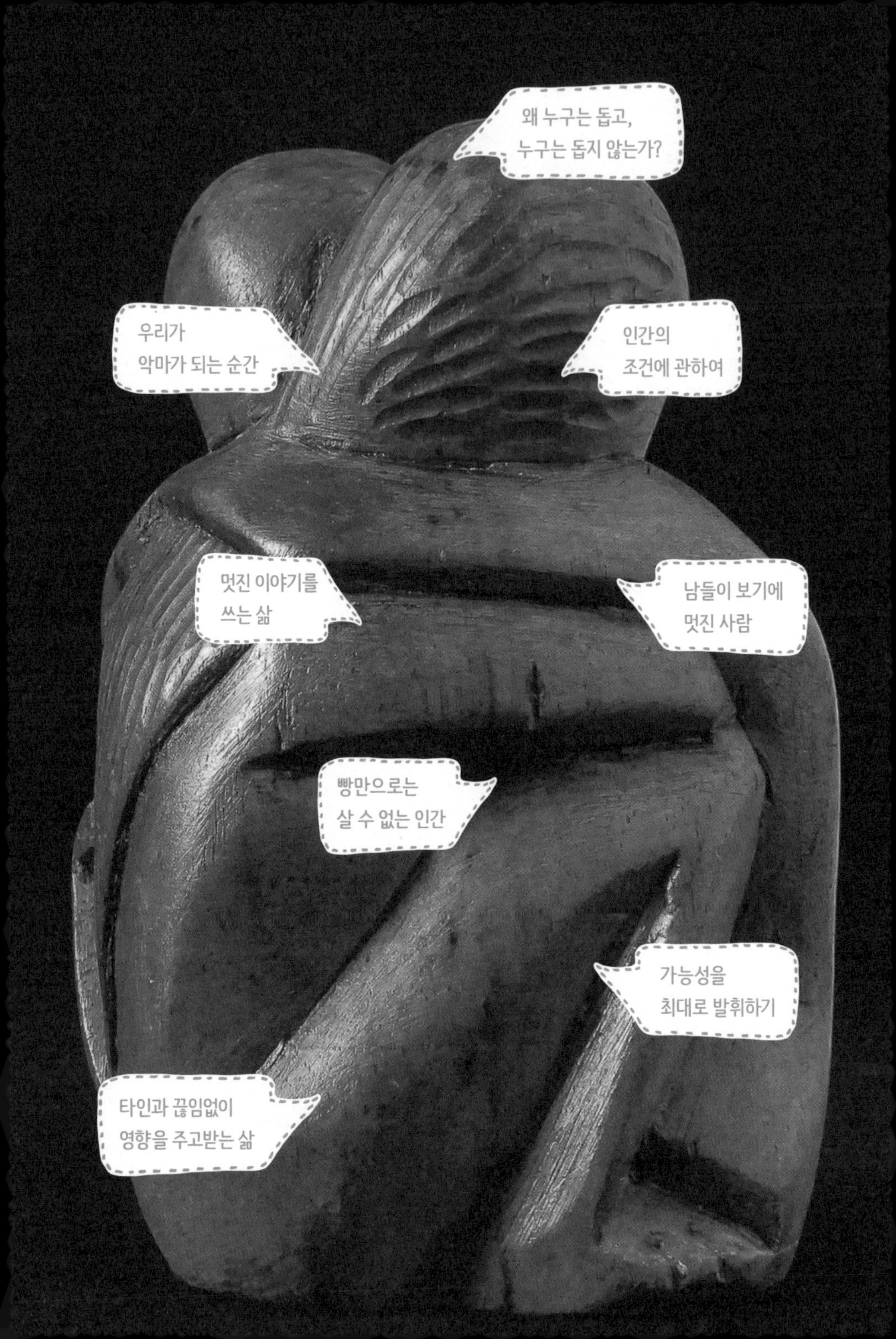
왜 누구는 돕고,
누구는 돕지 않는가?
우리가
악마가 되는 순간
인간의
조건에 관하여
멋진 이야기를
쓰는 삶
남들이 보기에
멋진 사람
빵만으로는
살 수 없는 인간
가능성을
최대로 발휘하기
타인과 끊임없이
영향을 주고받는 삶

03

사람을 돕는
사람

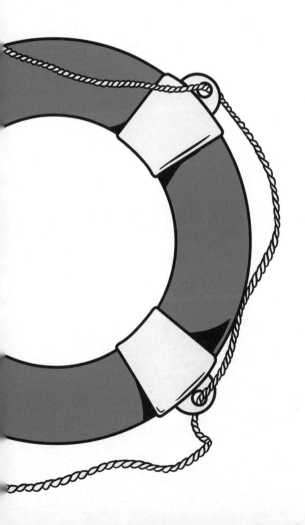

 사람을 돕지 않는 사람 왜 누구는 돕고, 누구는 돕지 않는가?

2014년에 일어난 '세월호 사건'을 기억할 겁니다. 온 국민을 슬픔에 빠뜨리고 나라 경제까지 휘청이게 만든 사건이었지요. 다들 알고 있겠지만, 2014년 4월 16일 전라남도 진도에서 세월호라는 여객선이 침몰하여, 당시 여객선에 타고 있던 476명 가운데 304명이 실종되거나 세상을 떠났습니다. 이처럼 거대한 여객선이 침몰하는 것 자체가 드문 일이지만, 특히 이 사건이 충격적이었던 건 그 안에 수학여행을 떠난 고등학생 300여 명이 타고 있었다는 점, 그리고 대부분 구조되지 못한 채 명을 달리했다는 사실이었습니다.

배에 문제가 생기자, 선장을 비롯한 선원들은 승객들에게 "모두 그 자리에 있으라."고 명령한 뒤 가장 먼저 배를 탈출했습니다. 왜 그들은 수백 명의 승객들이 자신의 등 뒤에 있다는 사실을 알면서도, 그들만큼 배 구조를 잘 아는 사람이 없다는 걸 알면서도, 뒤돌아보지 않았을까? 왜 그들은 아이들을 돕지 않았을까? 이런 의문이 온 나라에 들끓었고, 그 의문은 급기야 분노로 이어졌습니다.

많은 이들이 무책임하게 배를 버리고 탈출한 선장과 선원들에게 분노를 느끼는 한편 '인간이란 이렇게 형편없는 존재인가.'라는 회의와 우울감에 빠져들었습니다. 전국 각지에 분향소가 마련되었고 사람들은 죽은 아이들의 이름을 부르며 눈물을 흘리고 '미안하다'고 사과했습니다. 특히 기성세대는 결국 그들을 죽인 건 이런 비인간적인 사회를 만든 우리가 아닐까 생각하며 자책했습니다. 사람이 사람을 돕는다는 것, 혹은 돕지 않는다는 것이야말로 인간 사회에, 인간이 인간으로 살아가는 데 가장 중요한 화두라는 걸 인정하지 않을 수 없게 한 사건이었습니다.

사람이 사람을 돕지 않는 사회는 역사상 단 한 번도 존재한 적이 없습니다. 마찬가지로, 사람이 사람을 점점 돕지 않기 시작할 때, 서로가 서로에게 각박해지고 멀어질 때 그 사회는 점점 몰락해 갑니다. 어쩌면 그런 현상이야말로 그 사회가 파탄 나고 있다는 명백한 증거일지도 모릅니다. 꽃다운 나이의 아이들이 물에 빠져 죽든 말든, 구조에 대한 최소한의 시도조차 하지 않고 도망가는 어른들이 이끌어 가는 사회라면, 그 사회 어디에서 희망을 찾아야 할까요?

그러나 그 급박한 상황에서도 자기 목숨을 바쳐 한 사람이라도 더 구하고자 애쓴 사람들이 있었다는 사실에 우리는 위안을 얻습니다.

당시 학생들을 인솔했던 선생님들은 대부분 물이 차오르는 객실에 끝까지 남아 아이들을 구하다가 희생되었습니다. 승무원 박지영 씨나 세월호 사무장 양대홍 씨, 그리고 결혼을 앞둔 연인 사이였던 세월호 아르바이트생 김기웅 씨와 승무원 정현선 씨 역시 마지막까지 승객들을 구하기 위해 사투하다 세상을 떠났습니다. 그 외에도 배관 설비사 김홍경 씨나 화물 운전기사 김동수 씨 등이 승객들을 구출하고 함께 탈출하였습니다.

우리는 이렇게 극단적으로 나뉜 인간 행동에 대해 의문을 가지지 않을 수 없습니다. 왜 누구는 타인을 돕고, 누구는 돕지 않는 것인가? '사람은 왜 도울까'라는 물음, 나아가 '사람은 왜 돕지 않을까'라는 의문은 오늘날 우리에게 가장 절박하고도 간절한 질문입니다. 사람이 타인을 돕는 행위는 다른 무엇보다도 숭고한 정신을 일깨우는 반면, 돕지 않는 행위는 우리에게 절망적인 분노를 안겨 줍니다. 그렇게 우리를 휘몰아 가는 양극단의 감정들이야말로 이 '돕는다는 행위'가 우리에게 얼마나 중요한지를 알려 주는 표징일 겁니다.

앞의 1부와 2부에서는 사람이 타인을 돕는 마음의 메커니즘에 대해 알아봤습니다. 단순히 말하자면, 그것은 우리 안에 프로그래밍된 본능(진화심리학)이거나, 어떤 명령이나 충동에 따른 결과(정신분석학)였습니다. 여기에서는 질문을 살짝 바꿔 보려고 합니다. 왜 누구는 돕고, 누구는 돕지 않는가?

세월호의 의인들

2014년 대한민국을 우울과 분노에 빠뜨렸던 세월호 침몰 사고로 승객 476명 중 172명이 구조되고, 나머지 304명은 사망하거나 실종되었습니다. 선장 및 대부분의 선원이 승객 구출은 등한시한 채 달아난 탓에 더 큰 참사를 불러온 사건이었습니다. 선원이나 승무원들이 1년 이하 계약직에 훈련도 제대로 받지 않았다는 사실이 알려지자 세월호를 운용한 청해진 해운 회사에 대한 국민적 분노가 일기도 했지요. 나아가 이 사건이 넓게 보면, 관료와 기업의 유착과 비리, 이른바 '관피아(관료+마피아)'의 부패 구조를 드러냈다는 문제의식이 퍼지기도 했습니다. 그야말로 대한민국 전반에 만연한 도덕 불감증과 안전 불감증 등 총체적 문제를 보여 준 사건이었죠.

하지만 그런 중에도 침몰하는 배에 끝까지 남아 다른 사람을 구하고자 했던 이들이 있었습니다. 우리는 이들을 '의인'이라고 불러야 할 겁니다. 승무원 중 박지영 씨는 구명조끼를 양보하며 10여 명의 학생들에게 바다로 뛰어내리라고 지시를 내렸습니다. 학생들이 "왜 누나는 구명조끼를 입지 않아요?"라고 물었으나, "너희들을 모두 구한 뒤 나도 따라갈게."라고 하며 구조에 몰두했습니다. 결국 그녀는 주검으로 발견되고 말았습니다.

사무장 양대홍 씨 역시 배가 90도 가까이 기울었을 때, 휴대전화로 아내에게 "배가 많이 기울어져 있어. 수협 통장에 돈이 있으니까 아이 등록금으로 써. 지금 아이들 구하러 가야 해. 길게 통화 못 해. 끊어."라는 말을 마지막으로 남겼다고 합니다. 또한 결혼을 앞둔 사이였던 세월호 승무원 정현선 씨와 아르바이트생 김기웅 씨 역시 끝까지 승객들을 구조하기 위해 애썼다고 알려졌습니다.

그 외에도 당시 수학여행 중이었던 단원고 선생님 열두 분이 학생들을 구하기 위해 끝까지 애쓰다가 희생되었습니다. 학생들 중에서도 선실에 갇힌 친구들을 구하기 위해 물속으로 뛰어든 정차웅 군, 양온유 양 등이 있었습니다. 배관 설비사 김홍경 씨와 화물 운전기사 김동수 씨도 끝까지 학생들을 구하고 함께 탈출하였습니다.

이 모든 이름을 기억할 수는 없을 겁니다. 하지만 적어도 그토록 긴박했던 상황 속에서 모두가 자기만 살겠다고 도망친 건 아니라는 사실은 기억할 필요가 있습니다. 계약직이든 정규직이든, 교육을 많이 받았든 적게 받았든, 어른이든 아이든 상관없이 사람에게는 사람을 도울 수 있는 힘이 있습니다. 우리는 그 힘 덕분에 사람으로 살 수 있는 것일지도 모릅니다. 타인을 돕는 힘을 잠재울 때 우리는 더 이상 사람이라 부를 수 없는 존재가 될지 모릅니다.

연합뉴스 제공

이성과 상상력의 연합 보트 피플을 외면하지 않은 단 한 사람

진화심리학과 정신분석학의 핵심에는 일종의 '명령'이 있습니다. 진화심리학에는 우리에게 명령을 내리는 본능이 있고, 정신분석학에는 우리를 지배하는 초자아와 충동이 있습니다. 두 학문에서 인간은 그러한 명령을 무의식적으로 따르며 수행하는 존재로 묘사됩니다. '인간이 언제나 자기 자신의 주인인 건 아니다.'라는 게 두 학문의 핵심 전제니까요. 하지만 반대로 인간이 언제나 본능이나 초자아, 충동의 노예인 것만도 아닙니다.

사실 진화심리학이나 정신분석학에서도 인간이 오직 본능의 노예라고만 하지는 않습니다. 대표적으로 리처드 도킨스는 '콘돔'을 언급하지요. 인간은 생존과 번식을 위해 진화했지만, 콘돔을 사용한다는 것은 인간이 결코 유전자(본능)의 지배를 받기만 하는 존재가 아니라는 사실을 증명합니다. 유전자로서는 화가 나는 일일 겁니다. 열심히 번식하라고 '성적 쾌락'을 느끼게 해 줬더니, 어떤 인간은 임신을 피하기 위해 피임을 하면서 쾌락만 추구하니까요.

두 학문은 '왜 누군가는 돕고 누군가는 돕지 않는가.'에 대해 속 시원히 답해 주지 않습니다. 진화심리학자라면 '유전자가 다르기 때문이다.'라고 대답할 것이고, 정신분석학자라면 '내면의 상처나 성장 과정이 다르기 때문이다.'라고 대답하겠죠. 이런 설명은 명쾌하긴 하지만 섬세하진 않습니다. 이제부터 하려는 작업은 조금 더 부드럽고 세세한 접근입니다.

인간의 마음에는 본능과 정신, 혹은 무의식과 의식이라 부를 수 있는 커다란 두 측면이 존재합니다. 우리 삶의 많은 부분은 본능과 무의식이 지배하는 것이 사실입니다. 그러나 가장 중요한 순간에 우리를 인간으로 만들어 주는 것, 나아가 주인으로 만들어 주는 것은 정신과 의식입니다.

흔히 정신과 의식의 핵심적 특징을 '이성(reason)'이라고 말합니다. 그러나 이성은 많은 경우 본능이나 무의식의 하수인 노릇을 합니다. 이를 '합리화'라고 하지요. 이런 경우를 우리는 무수히 보게 됩니다. 예를 들어, 여러 이성을 사귀면서 다양한 사랑을 즐기는 바람둥이와 오직 한 사람과만 사랑하며 바람둥이를 경멸하는 사람이 있다고 합시다. 어느 쪽이든 그들은 자신이 옳다고 주장할 겁니다. 바람둥이는 한 이성에게만 집중할 수 없는 것이 인간의 본능일진대 그걸 비난하는 사람들은 여러 이성을 거느릴 능력이 없기 때문이라고 항변할 것이고, 한 사람만 만나는 지고지순한 사람은 여러 상대를 만나는 건방탕한 짓이며 그런 사랑은 가짜라고 말할 겁니다. 어느 쪽이든, 그는 자기가 하고 싶은 대로 행동한 다음 그런 주장을 하는 것일 가능성이 높습니다. 이성을 통해 자기를 합리화하는 것이지요.

한 유명한 심리학 실험은 이러한 인간의 '자기 합리화' 면모를 잘 보여 줍니다. 실험은 부정행위를 저지르는 것에 대해 어떻게 생각하는지 아이들에게 묻는 것으로 시작됩니다. 그리고 아이들에게 시험을 치르게 한 뒤 몰래 부정행위를 할 수 있도록 유혹합니다. 실험에 참가한 아이들의 반 정도는 유혹에 넘어가서 부정행위를 저지르고, 반 정도는 그렇지 않았지요. 시험이 끝난 뒤, 아이들에게 같은 질문을 던집니다. 그러면, 부정행위를 저지른 아이들은 실험 전보다 더 부정행위에 관대해지고, 꿋꿋이 유혹을 참은 아이들은 더 강하게 부정행위를 비난합니다!

성인이라고 해서 이와 다르지 않습니다. 살아오면서 이런저런 편법을 사용하고 약삭빠르게 살아온 사람은 법대로만 살 수는 없다고 주장할 겁니다. 그렇게 살다가는 나만 손해 본다면서 말이지요. 반면, 도덕과 법을 올곧이 지키며 살아온 사람이라면 편법이나 불법 행위를 강도 높게 비난하며 그런 행위를 일삼는 사람들을 쓰레기라고 생각할 겁니다. 우리가 이성으로 어떤 생각을 하기 전에, 이미 주장은 결정되어 있습니다. 이성은 그저 그 주장을 합리화하는 근거를 댈 뿐이죠.

이처럼 이성은 그것만으로는 빈약합니다. 이성은 너무 자주 본능이나 직관의 하수인이 되어 버립니다. 그래서 이성한테는 '상상력(imagination)'이 필요합니다. 상상력은 인간 정신의 매우 중요한 측면으로, 이성에 날개를 달아 주고 이성을 인도합니다. 그럼, 이성과 상

부정행위를 저지른 아이들은
실험 전보다 더 부정행위에 관대해지고,
꿋꿋이 유혹을 참은 아이들은
더 강하게 부정행위를 비난합니다!

상력의 연합이 어떻게 타인을 돕는지 이야기해 보겠습니다.

1985년 11월 14일, 전제용 선장이 이끄는 참치 원양어선 '광명 87호'는 1년 동안의 조업을 마치고 한국으로 돌아오고 있었습니다. 남중국해를 지나던 중 전제용 선장은 바다 한가운데서 SOS를 보내는 난파선을 발견했습니다. 그 난파선은 베트남 전쟁 이후 공산화를 피해 탈출한 난민들로 가득 차 있었습니다. 이들은 '보트 피플'이라 불렸는데, 당시 국제적으로 상당한 골칫거리였습니다.

그때 전제용 선장은 '관여하지 말라'는 회사의 지침을 듣고 그들을 지나쳤으나, 깊은 고민 끝에 배를 돌려 구조에 나섰습니다. 배에는 어린아이를 포함한 96명의 베트남인들이 사흘 동안 굶주려 아사 직전인 상태로 엉겨 있었습니다. 전제용 선장은 모든 책임을 자신이 진다는 각오로 회사에 구조 소식을 알리고, 열흘간 100여 명의 난민과 함께 식량을 나누며 부산으로 돌아왔습니다. 한국으로 돌아온 즉시, 그는 회사로부터 해고 통지를 받았고, 당국에 불려가 조사까지 받았습니다. 이후 고향으로 내려가 넝게 양식업을 하며 생계를 유지했지요.

그는 한 인터뷰에서 당시를 돌아보며 이렇게 말했습니다.

"보트 피플을 구조할 때 저의 경력은 물론 미래까지 희생해야 한다는 걸 알고 있었습니다. 하지만 지금까지도 저는 96명의 생명을 살린 제 선택을 한 번도 후회한 적이 없습니다."

그는 자신이 아니었더라도 그런 상황에서라면 누구나 그들을 도왔을 거라 이야기했습니다. 하지만 보트 피플은 바다 위에서 25척의 배로부터 외면당했고 결국 26번째에 이르러서야 전제용 선장에 의해 구조되었습니다.

우리는 전제용 선장의 행위와 말에서 본능이나 도덕적 명령보다도 더 강력한 무언가를 발견할 수 있습니다. 그것은 한 인간이 가진 정신적 능력, 즉 신념입니다. 그는 수십 년이 지난 지금도 자신을 희생했던 그때의 일을 후회하지 않는다고 말합니다. 그는 모든 제약을 뛰어넘어 자신의 '판단'과 '믿음'에 따라 행동했습니다.

그렇다면, 우리는 다시 묻고 싶어집니다. 도대체 무엇이 그러한 믿음이나 신념을 가능하게 하느냐고 말입니다. 어째서 결정적인 순간에 그는 남을 도울 수 있었던 것이냐고 말입니다. 이에 대한 대답이 '상상력'입니다.

전제용 선장은 그 순간, 보트 피플이 된 사람들의 입장을 '상상'했습니다. 그리고 그들 역시 자기 자신과 같은 사람이고, 사랑하는 가족이 있고 살고 싶어 하는 존재임을 완전히 이해했을 것입니다. 그 결과, 그는 설령 자신에게 불이익이 오더라도 자기가 죽을 일을 없을 테지만, 저들을 그대로 둔다면 그들에게는 '삶'의 모든 가능성이 영영 사라진다는 사실을 알았을 것입니다. 그는 그들의 삶 역시 자기의 삶과 마찬가지로 소중하다는 것, 이대로 자신이 지나친다면 이 세상에

"보트 피플을 구조할 때 저의 경력은 물론
미래까지 희생해야 한다는 걸 알고 있었습니다.
하지만 지금까지도 저는 96명의 생명을 살린 제 선택을
한 번도 후회한 적이 없습니다."

서 펼쳐질 수 있었던 수많은 잠재적 삶들이 사라지게 된다는 것을 이해했습니다. 그 결과 그는 자신을 희생하더라도 그들을 구하는 것이 옳다고 확신했을 겁니다.

이는 매우 구체적인 상상과 판단(이성)의 결과물입니다. 그보다 앞서 보트 피플을 지나갔던 25척 배의 선장들은 이와 같은 상상과 판단을 거치지 않았습니다. 이는 전제용 선장이 가진 상상의 힘이었으며, 그 힘을 통해 판단을 내린 자기 신념의 결과였습니다. 25척 배의 선장들과 그는 본능이 달랐던 게 아니라, 정신이 달랐던 것입니다. 앞의 선장들이 그저 '복귀하라'는 초자아의 명령만 따르거나 '내가 잘사는 게 우선'이라는 본능에 따라 움직였다면, 전제용 선장은 그런 마음속의 목소리들을 잠재우고 그들을 상상했습니다. 그리고 판단했습니다. 그 결과 모든 것이 달라졌습니다.

상상하는 사람 상상하지 못하는 사람은 사람이 아니다

상상력과 이성이 결합한다면, 우리는 가장 중요한 결정을 내릴 수 있습니다. 꿈을 갖고 그것을 향해 한 발짝씩 나아가려면 여러 자질이 필요하지만 그중에서도 상상력은 결정적인 역할을 합니다. 미래의 자기 모습을 상상하고, 그 상상을 고정시킴으로써 믿음을 유지하게 되죠. 이성은 그러한 꿈이 옳은지 판단하고, 또 그 꿈을 이루기 위해서 어떻게 해야 할지를 최선을 다해 고민하는 역할을 합니다. 이렇게 상상력과 이성이 결합할 때, 우리는 인생에서 가장 중요한 꿈을 꿀 수 있고 그 꿈에 근접할 수 있습니다.

자기 자신의 인생을 상상하는 사람이든, 타인을 상상하는 사람이든 우리는 그들을 존경하고 부러워합니다. 기발한 제품을 개발하거나 이전에 없던 예술 작품을 만들어 내는 것을 넘어서서 남들과 다른 방식의 삶을 상상하고 살아가며 나아가 적극적으로 타인을 돕는 사람들은 우리에게 놀라움과 감동의 대상이 됩니다.

기부의 패러다임을 바꾸어 신선한 충격과 감동을 준 제시카 재클리(Jessica Jackley) 이야기를 해 보겠습니다. 이전까지 아프리카 지역에 대한 기부는 일방적으로 식량이나 의료용품을 나누어 주는 차원에 머물러 있었습니다. 그러한 기부도 큰 도움이 되긴 했지만, 그들의 생활을 근본적으로 개선하는 데는 많은 한계가 있었지요. 잠시 동안 굶주림을 면하게 해 줄 수는 있어도, 그들 스스로 자립할 수 있게 해 주진 못했으니까요. 그러한 고민 끝에 탄생된 것이 제시카 재클리가 시도한 '소액 대출 기부'입니다.

그녀는 가난한 국가의 사람들에게 일방적으로 돈이나 물품을 주지 않고, 창업을 하거나 일을 하고 싶은데 돈이 부족한 사람들, 달리 말해 앞으로의 일과 미래에 대해 '상상력'을 가지고 있는데 자본이 없어서 시도하지 못하는 이들을 돕기로 결심합니다. 염소를 키워서 돈을 벌고 싶은데 염소 살 돈이 없는 이들에게 돈을 빌려 주는 식이지요.

이러한 기부 방식은 상상 이상의 놀라운 힘을 발휘합니다. 제시카 재클리가 만든 소액 기부 대출 사이트인 '키바(KIVA)'는 200여 개 나라의 수백만 명에게 이와 같은 대출을 해 주었고, 대출금의 상환율은 무려 98.9%에 이르렀습니다. 대출을 받은 대부분의 사람들이 스스로의 힘으로 일어나 빌린 돈을 갚아 낸 것이지요. 일하지 못해 무기력한 삶을 살고 있던 수백만 명에게 경제적 지원 이상의 것, 바로 일할 수 있는 힘과 열정, 미래를 주었던 것입니다.

과연 제시카에게 도구적이고 계산적인 이성만 있었다면 이와 같은 일이 가능했을까요? 그녀는 진정으로 누군가의 삶에 도움이 되고 싶다는 소망을 자기만의 방식으로 이루어 냈습니다. 그 꿈의 실현은 마찬가지로 상상력을 가지고 자기 삶을 일궈 나가려는 수많은 사람을 도왔지요.

이처럼 자기 삶뿐만 아니라 다른 사람의 삶을 돕는 일에도 상상력은 결정적인 역할을 합니다. 제시카는 막연히 '돈을 주면 그들에게 도움이 되겠지.'라고 생각하지 않고, 진정으로 그들 입장에 서서 어떻게 하면 그들에게 지속적인 도움이 될지를 상상했고, 그 결과 '대출 기부'라는 방식을 떠올릴 수 있었습니다. 상상하는 힘, 그것은 실로 인간의 가장 특이하고도 위대한 능력이라고 할 수 있습니다.

상상력이 중요하다는 것은 수천 년 전의 학자도 이미 알고 있었지요. 공자(孔子, BC 551~BC 479)는 다른 사람의 입장을 '상상'하여서 내가 싫은 것을 그에게 하지 않는 덕목을 '서(恕)'라고 했습니다. 역지사지(易地思之)라는 말을 들어 보았을 겁니다. 이 말 역시 우리가 상대방의 입장을 '상상'하는 것의 중요성을 강조하는 사자성어지요.

상상력이 부족한 사람, 상상하지 않으려 하는 사람은 인생의 꿈을 가질 수도, 타인을 도울 수도 없습니다. 상상력이 부족한 사람은 메마른 이성의 노예가 되거나, 본능의 하수인이 되어 버립니다. 그런 사람들은 지나치게 규칙만을 신봉하거나 눈앞의 이익만을 위해 살아갈 뿐입니다.

상상력이 일으키는 가장 중요한 특성 중 하나가 '유연함'입니다. 이는 엄격한 도덕 규칙이나 법과는 다른 것입니다. 세월호가 침몰할 때 누구보다 먼저 배를 탈출한 선장과 선원들을 향해 훈련이 부족했다는 말이 많았습니다. 일반적으로 선원들은 비상사태를 대비한 강도 높은 훈련을 받고, 위기 상황이 닥쳤을 때 훈련한 대로 움직여서 최선의 대처를 해내야 합니다. 그러나 세월호의 선원들은 그러한 훈련을 충분히 받지 못했기에, 긴급한 상황에 놓였을 때 우왕좌왕하다가 제 살길부터 찾기 바빴다는 것이지요.

군인들은 전쟁이라는 극한 상황에서 자기를 내려놓고 철저히 상관의 명령에 따르도록 반복해서 훈련을 받습니다. 이렇게 규칙을 습득

그녀는 진정으로 누군가의 삶에 도움이 되고 싶다는
소망을 자기만의 방식으로 이루어 냈습니다.
그 꿈의 실현은 마찬가지로 상상력을 가지고
자기 삶을 일궈 나가려는 수많은 사람을 도왔지요.

하고 규칙에 복종하는 것이야말로 정신분석학에서 설명했던 '초자아' 혹은 '자아이상'의 명령을 따르는 것과 다름없습니다. 우리 내면에 어떤 목소리를 주입하여 그 목소리를 따르도록 하는 것이지요.

하지만 타인을 돕는 순간이 오로지 그런 엄격한 규칙과 훈련만으로 설명될 수 있는 건 아닙니다. 우리 인간에게는 맹목적으로 규칙을 따르는 것보다 더 중요한 자질이 존재하기 때문입니다. 그것이 바로 상상력을 통해 상황에 대처하는 유연함이지요.

맹자(孟子, BC 372경~BC 289경)는 '물에 빠진 아이를 보고도 구하지 않으면 사람이 아니다.'라고 했습니다. 내가 아이를 물속에 밀어 넣은 것도 아니고 단지 구하지 못했을 뿐인데 사람이 아니라고까지 하다니, 너무하다는 생각이 드나요? 이는 아이를 구해야 한다는 사명감에 따르지 않았다는 질책이 아닙니다. 그 순간 아이의 절박함을 '상상하는 것', 그것은 사람으로서 당연한 도리이며 그러지 못한다면 사람이라고도 할 수 없다는 뜻입니다.

우리는 살아가면서 때론 규칙이나 법을 어겨야 하는 순간에 맞닥뜨립니다. 대표적인 경우가 앞에서 봤던 전제용 선장의 경우였지요. 그는 규칙이나 법의 명령이 아니라, 그 순간에 자기의 상상력과 이성으로 최선의 판단을 했습니다. 그에게 중요한 건 '그 상황에서 무엇을 해야 하는가.'였습니다. 결과적으로 그를 움직인 것, 그에게 최선의 기준은 사람 그 자체였습니다. 그는 무엇보다도 '사람이 우선이다.'라고 생각했던 겁니다.

제시카 역시 기존 방식의 기부가 아닌, 훨씬 유연한 방식의 기부를 생각해 냈습니다. 엄밀히 말해, 기부라고도 보기 어려운 형태의 기부지요. 돈을 빌려주기만 할 뿐 다시 돌려받는 것이니까요. 하지만 여기에 대고 '그게 무슨 기부야!'라고 비웃는다면, 그야말로 상상력이 부족한 사람의 태도라고밖에 할 수 없습니다. 한계를 뛰어넘는 지속적 기부를 생각할 수 있는 유연함, 즉 기존의 방식을 깨뜨리는 상상력이 '진정한 기부'를 만들어 낸 것이지요.

이러한 예는 무수히 발견할 수 있습니다. 전쟁에서 상사의 명령을 거부하고 적군의 포로를 살려 주거나, 민간인 살상을 거부하다가 총살당한 군인들의 예는 영화에서뿐만 아니라 실제로도 존재합니다. 그들은 정해진 것만을 따르는 '경직된' 노예가 아니라, 정해진 것들을 상상의 힘으로 극복할 수 있는 '유연한' 주인들이었습니다.

이처럼 '사람은 왜 도울까'에 대해 우리가 할 수 있는 최선의 대답은, 그것이 우리에게 내재된 가장 강력한 '힘'이기 때문이라는 것입니다. 그것이 상상력에 의한 행위라는 점에서 돕는다는 것은 가장 인간적이고 강력한 힘 그 자체입니다. 인간을 정의하는 무수한 방식이 있지만, 우리는 여기서 '힘'으로 인간을 정의하는 방식을 만나게 됩니다. 우리는 상상할 수 있기에 인간이고, 그 상상으로 행동할 수 있기에 인간인 것입니다.

상상력의 배반 우리가 악마가 되는 순간

앞에서 이성의 배반을 '합리화'라는 이름으로 설명했습니다. 자기에게 유리한 것이 마치 옳은 것인 양 주장하는 것을 자기 합리화라고 하지요. 사람은 대부분 자기 합리화를 하며 살아갑니다. 한 실험에 의하면 사람들은 심지어 자기가 키우는 개조차도 다른 개들보다 더 똑똑하다고 믿는다고 합니다.

거기엔 대단한 이유가 없습니다. 그저 그 개가 자신의 개이기 때문입니다! 흔히 많은 부모가 "우리 아이는 머리는 좋은데 노력을 안 해서……."라는 식으로 자식에 대해 합리화하지요. 그저 자기 자식이기 때문에 자식이 영리하고 똑똑하다고 믿는 겁니다.

그런데 옳은 것, 정당한 것, 진실을 배반하는 건 이성만이 하는 일은 아닙니다. 오히려 이성보다 더 강력하게 우리를 배반하는 것이 상상력입니다. 이성은 적어도 이미 잘못 내린 판단을 옹호하는 정도의 역할을 수행하지만, 상상력은 애초에 판단 자체를 그릇되게 하기도 합니다. 상상력은 우리를 맹신, 숭배, 폭력에 빠지게 만드는 강력한 근거가 되기도 하지요.

대표적인 경우로 나치즘(Nazism)을 떠올릴 수 있습니다. 나치즘은 제2차 세계대전을 촉발한, 인류 역사상 가장 파괴적인 운동 중 하나였습니다. 그 수장이 저 악명 높은 아돌프 히틀러(Adolf Hitler,

1889~1945)였지요. 그는 특히 유대인을 무차별적으로 학살한 것으로 유명합니다. 유대인이라는 민족을 세상의 악으로 규정하고, 인종 청소라는 명목으로 그들을 족족 잡아들여 집단 살인을 저질렀지요.

거의 흡사한 예로는 일본 제국주의가 있습니다. 바로 우리나라, 한반도가 그 희생양 중 하나였지요. 당시 일본은 한반도를 장악하고 조선인들을 학살한 것은 물론, 어린 소녀들을 끌고 가서 성노예로 만들었습니다. 뿐만 아니라 조선인들을 잡아서 각종 인체 실험을 자행했으며, 청년들을 강제로 끌고 가 전쟁의 총알받이로 만들었지요.

우리는 어째서 한 명의 사람이, 나아가 수많은 사람이 그토록 끔찍한 악행을 저지를 수 있는지 의아해합니다. 그들이 유독 '나쁜 사람'이라서 그렇다고 한다면 너무 단순한 생각입니다. 그들 역시 우리와 다르지 않은 인간임에도, 어떤 이유로 인해 그런 악행을 저지를 수 있게 된 겁니다. 그들이 악마가 될 수 있었다면, 우리 역시 언제고 악마가 될 수 있습니다.

나치즘과 일본 제국주의는 모두 '망상'이라는 공통점을 가지고 있습니다. 나치즘은 독일 민족(게르만족)이 세계를 지배하고 새로운 질서를 구축하리라는 망상이자 예언에 기반을 두고 있었습니다. 그들은 자기 민족이 역사상 가장 위대하며 그렇기에 세계를 지배해야 한다고 믿었습니다. 그리고 그러한 망상의 실현에 가장 방해가 되는 이들을 '유대인'이라고 여겼습니다. 유대인이라는 장애물을 제거하면 세계를 지배할 수 있을 거라 믿은 것이지요.

일본은 '대동아공영권(大東亞共榮圈)'을 실현할 수 있다는 망상을 키웠습니다. 이 역시 나치즘과 마찬가지로 일본을 중심으로 세계 질서를 새로이 구축하겠다는 열망이 반영된 것으로, 아시아 지역을 전쟁으로 몰아넣는 동기가 됩니다. 나치즘이든 대동아공영권이든 대단한 상상력이라고 하지 않을 수 없습니다. 정확히 말하면 '엄청난 망상'이라고 해야겠지만요.

이처럼 상상력은 인류의 가장 위대한 업적이랄 수 있는 '문명'을 이룩하기도 했지만, '세계대전'이라는 인류 역사상 가장 처참하고 파괴적인 결과를 가져오기도 했습니다. 더불어 상상력의 배반은 우리 일상생활에서도 대단히 자주 일어나는 일입니다. 대표적인 예로 '왕따 문화'가 있습니다.

왕따는 학교건 직장이건 사람이 모인 곳이라면 어디든지 따라다니는 우리 사회의 심각한 병폐입니다. 누구 하나를 집어내 '이상한 사람'으로 낙인찍어서는 단체로 괴롭히는 것이지요. 왕따를 저지를 때 역시 상상력이 활발하게 작농합니다. 저 사람은 보통 사람과 같지 않은 사람이라는 상상을 끊임없이 하는 것이지요. 그러면 이성 역시 거기에 연합합니다. 이성은 왕따당할 만한 이유를 만들어 내 상상력을 합리화합니다. 그렇게 우리가 악마가 되는 순간에도 상상력과 이성은 끈끈한 동맹을 맺습니다.

나치의 유대인 학살과 악의 평범성

  사람이 다른 사람에게 공감적 상상력을 발휘하지 않는다면 어떤 일이 벌어질까요? 우리는 역사 속에서 타인을 상상할 수 없을 때, 애써 상상하지 않을 때 일어난 처참한 사건들을 어렵지 않게 찾아볼 수 있습니다. 제2차 세계대전 중 수백만 명의 유대인이 학살된 홀로코스트(Holocaust)가 그 대표적인 예라 할 수 있지요.

  유대인 학살을 주도한 건 당시 독일의 나치즘이었습니다. 나치즘은 제1차 세계대전에서 패배한 독일의 어려운 상황을 극복하고자 대두되었는데, 그 내용이 충격적입니다. 나치즘의 궁극적 목표는 '사회적 유토피아'를 건설하는 것이었습니다. 그런데 나치즘에서 말하는 사회적 유토피아란 생물학적으로 우수한 인종만을 남김으로써 이루어질 수 있는 것이었지요. 이 과정에서 열등한 존재로 치부한 장애인, 동성애자, 집시, 유대인 등이 박멸 대상이 되었고 그중에서도 유대인이 집중적으로 무차별 학살되었습니다. 당시 유럽에는 900만여 명의 유대인들이 살고 있었는데, 그중 600만여 명의 유대인이 나치스에 의해 희생되었습니다. 이는 단지 히틀러 한 사람만이 아닌, 수많은 공무원, 법률가, 의사, 과학자, 은행가 등의 적극적인 협조와 조력으로 이루어졌습니다. 그들은 유대인을 전혀 '인간'으로 상상하지 않았습니다. 유대인을 비겁하고, 더럽고, 위험한 이들로 묘사하면서 그들이 죽어 마땅한 이들이라는 편견을 조직적으로 유포했지요. 인간의 상상력이 악용된 절정의 사건이었다고 볼 수 있습니다.

  연합군이 독일을 점령함으로써 마침내 제2차 세계차대전이 끝났습니다.

흥미로운 건 그 이후 일어났던 전범 재판과 관련된 이야기입니다. 전쟁이 끝나고 15여 년이 지나서야 나치즘의 주동자 중 한 명인 아돌프 아이히만(Karl Adolf Eichmann, 1906~1962)이 붙잡히게 됩니다. 당연히 이 재판에 전 세계의 이목이 쏠릴 수밖에 없었습니다. 그중에는 저명한 정치철학자 한나 아렌트(Hannah Arendt, 1906~1975)도 속해 있었지요.

여기서 그 유명한 '악의 평범성(banality of evil)'이라는 개념이 나옵니다. 아렌트는 아이히만 재판을 지켜본 뒤 아이히만이 '악한 인간'이라면, 그가 악당으로 태어났기 때문이 아니라 지극히 평범했기 때문이라고 말합니다. 그는 자기에게 주어진 일을 성실히 수행한 평범한 독일 국민 중 하나에 불과했다는 것이지요. 당시에는 독일 사회 전체가 하나의 유대인 학살 공장이었고, 아이히만은 그 공장의 기계 부품이었을 뿐이었다는 것입니다.

아렌트가 악의 원천으로 평범성을 지목한 것은 정확한 통찰이 아닐 수 없습니다. 사실, 우리 모두는 악마가 되어 본 경험을 가지고 있습니다. 아무 생각 없이 왕따에 가담하거나, 타인의 비극을 방관 또는 조롱하는 일은 누구에게나 일어날 수 있습니다. 악은 도처에 널려 있고 그만큼 평범합니다. 누구나 순식간에 '작은 악마'에서 아이히만 같은 '거대한 악마'가 될 수 있지요. 내가 지금 무엇을 하고 있는지 제대로 직시하지 않는 순간, 그리고 '공감적 상상력'이 사라지는 순간에 악은 우리를
언제라도 뒤덮어 버릴 수 있습니다.

이처럼 우리를 악마로 만드는 상상력의 작용을 '편견'이라고 부를 수 있습니다. 동남아 사람들을 열등하다고 생각하는 인종차별주의적 편견도 상상력에 기반을 두고 있지요. 아마 우리는 그 사람들이 불결하거나 미개하거나 폭력적이라고 상상할 겁니다. 그러고 나면, 어김없이 우리의 이성은 그들이 차별받아 마땅한 이유를 구구절절 찾아냅니다.

이토록 변덕스러운 것이 상상력이라면, 우리는 상상력을 믿어야 할지 말아야 할지 고민이 됩니다. 상상력은 우리 인생의 진정한 꿈과 가치를 독려하고 서로 돕고 사는 삶을 만들어 내지만, 때론 우리 인생을 망상으로 몰아넣고 서로를 공격하며 배척하는 삶도 만들어 내기 때문이지요. 그래서 우리에게는 또 하나의 힘이 필요합니다.

공감적 상상력 거울 뉴런의 힘

자, 그럼 새로운 힘 하나를 더 찾기 위해 다시 세월호 문제로 돌아가 봅시다. 여기에서 주목할 사람은 세월호 승객 중 한 사람이었던 김동수 씨입니다. 김동수 씨는 사건 당시 배가 기우는 것을 느끼고 재빨리 탈출하고자 했습니다. 그런데 잠시 멈춘 뒤 갑자기 뒤돌아서 선실을 향해 달려갔습니다. 이미 배는 옆으로 기울어서 제대로 서 있을 수도 없는 상황이었지요. 그럼에도 그는 난간을 붙잡은 채 다른 승객과 함께 소방 호스로 밧줄을 만들었습니다. 그리고 학생들이 몰려 있던 4층 객실로 호스를 던졌습니다. 그렇게 해서 십여 명의 아이들을 구해 냈지요.

그가 남들과 달랐던 건 무엇일까요? 그는 후에 인터뷰에서 "나의 딸도 고등학생인데, 딸을 생각하니 그 아이들이 살려 달라는 목소리를 외면할 수 없었다."라고 이야기합니다. 우리는 여기서 다시 상상의 힘을 확인할 수 있습니다. 김동수 씨는 배를 탈출하려던 그 순간, 자기 등 뒤에 있던 아이들을 상상했으니까요.

그런데 하나 더 눈여겨볼 점이 있습니다. 그가 그 아이들을 '자기 딸'처럼 상상했다는 것이지요. 사랑하는 자신의 딸을 생각하니, 아이들을 그냥 둘 수 없었던 겁니다. 우리는 일단 여기에서 진화심리학의 '혈연선택'을 떠올리게 됩니다. 부모는 자식과 유전자의 50%를 공유하기 때문에 자기 유전자를 위해 자식에게 헌신한다는 것이었지요. 그러나 다시 생각해 볼 것은 그 배에 있던 수많은 어른들, 선원들, 선장 역시 대부분 자식이 있었다는 점입니다. 그럼에도 그들 중에서 아이들을 돕기 위해 달려간 사람은 극소수에 불과했습니다.

아마 다른 사람들도 객실에 갇혀 있는 아이들을 떠올렸을 겁니다. 하지만 그 아이들을 돕기 위해 되돌아갈 정도로 '강렬한 힘'은 느끼지 못했습니다. 그러나 김동수 씨는 아이들을 상상했을 뿐만 아니라,

마치 그 아이들의 고통이 자기 자신의 것인 것처럼 느꼈습니다. 부모가 자식의 위기를 자신의 것처럼 느끼듯이, 그 아이들의 위기를 자신의 위기로 느끼는 능력이 있었기 때문입니다.

이와 같은 능력을 '공감 능력'이라 부를 수 있습니다. 공감 능력의 핵심은 타인의 감정이나 상황을 고스란히 자기 것처럼 느끼는 것입니다. 이는 상상력과는 조금 다른 것인데, 가령 공감은 눈앞에 있는 사람이 고통을 느끼면, 그 사람의 입장을 상상해 보는 과정을 거치지 않아도 즉각적으로 고통을 느끼게 되는 것입니다. 이에 대한 생물학적인 근거도 있는데, '옥시토신(Oxytocin)'이라는 호르몬과 '거울 뉴런(Mirror Neurons)'이라는 신경세포 체계는 우리가 타인에게 즉각적으로 공감하게 만들어 준다고 합니다.

일명 '사랑의 호르몬'이라 불리는 옥시토신은 타인에게 공감할 때나 타인의 고통을 볼 때 증가하는 호르몬으로 알려졌습니다. 특히 가족이나 친구처럼 가까운 사람에게 공감할 때 주로 분비되지요. 대표적으로 아이에 대한 어머니의 사랑, 즉 모성 본능이 이 호르몬과 매우 밀접하게 관련되어 있습니다. 그 외에도 내 가족이 위험에 처하거나 내 편을 돕고자 할 때 이 호르몬이 활발하게 분비됩니다.

하지만 동시에 이러한 점이 옥시토신의 한계로 지적되기도 합니다. 우리 사회의 가장 고질적인 문제라고 할 수 있는 '집단주의'에서도 옥시토신은 대단한 위력을 발휘합니다. 나만 잘 살고자 할 때 옥시토신은 별로 분비되지 않지만, 같은 학교 출신끼리, 같은 지역 출신끼리, 가족끼리 뭉쳐서 집단 이기주의를 추구할 때 톡톡히 활약하는 것이지요. 엄밀히 말해, 집단 이기주의에서 돕는다는 행위는 '서로' 돕는다기보다는 '자신의 이익을 위해' 돕는 것입니다. 때문에 내 편이 아닌 사람들에 대해서는 무관심하거나 나아가 배척하기도 하는 것이지요. 그런 점에서 우리는 보다 순수한 '공감 능력'의 가능성을 찾을 필요가 있습니다. 그 가능성은 '거울 뉴런 체계'에서 발견됩니다.

거울 뉴런은 신경심리학자 리촐라티(Giacomo Rizzolatti, 1937~)에 의해 처음 발견되었습니다. 거울 뉴런의 발견은 심리학계에 가히 혁명적 사건이었지요. 철학이나 심리학 나아가 경제학에서는 인간을 하나의 '원자(Atom)'로 여기는 관점이 보편적이었습니다. 물질의 가장 작은 단위인 원자는 그 특성상 다른 원자와 결코 섞이지 않으며 고유한 형태를 유지합니다. 인간이 바로 그렇다는 것인데, 쉽게 말해 '공'이라고 비유할 수 있습니다. 공은 다른 공과 부딪히면 튕겨 나갈 뿐 결코 다른 공과 합쳐지거나 하지 않지요. 말하자면 인간은 액체가 아니라는 것이지요. 액체는 서로가 만나면 뒤섞입니다. 그러나 공은 합쳐질 수도 섞일 수도 없습니다. 공과 공은 서로 영원히 분리되어 있을 수밖에 없는 것이지요. 인간을 원자로 보는 관점에서, 인간의 마음은 각자의 공 속에 갇혀 있어서 상대방과 이어지거나 합쳐질 수 없습니다. 그저 상대의 마음을 상상하는 게 고작이지요. 그런데 거울 뉴런의 발견으로 인해 그러한 통념은 심각한 위협을 받게 됩니다.

거울 뉴런은 상대의 행동이나 감정을 마치 내 것처럼 느끼는 것, 나아가 모방하는 것과 관련이 있습니다. 한 원숭이가 가만히 앉아 있는 채로, 다른 원숭이의 행동을 바라봅니다. 그런데 다른 원숭이가 오른팔을 들었다고 해 봅시다. 그 동작에 따라 그 원숭이 뇌의 뉴런이 반응합니다. 그런데 놀랍게도 그저 바라만 보고 있는 원숭이의 뇌에서도 오른팔을 든 것처럼 반응하는 뉴런이 발견된 겁니다. 상대의 움직임을 마치 내가 움직인 것처럼 착각하는 뉴런이 있다는 것이지요! 직접 경험하지 않고도 저절로 '알게 되는' 능력이 인간에게 있다는 것입니다.

이는 놀라운 발견이 아닐 수 없습니다. 그 이전까지 대체로 인간을 연구하는 학문은 인간이 서로 '단절'되어 있는 '원자'라고 보았기 때문입니다. 그런데 알고 보니 인간은 이미 생물학적으로 타인과 긴밀히 연결되어 있었다는 것이지요. 남의 슬픔에 나도 같이 슬퍼지는 건 더 이상 신비하고 이상한 일이 아니게 된 겁니다. 인간은 거울 뉴런에 의해 서로 연결되어 있다는 게 밝혀졌으니까요.

거울 뉴런이 흥미로운 건 옥시토신을 뛰어넘는 가능성이 발견되기 때문입니다. 한 실험에서, 거울 뉴런은 '나쁘다'고 판정된 사람보다 '착하다'고 판정된 사람의 고통에 훨씬 민감하게 반응하는 것으로 나타났습니다. 이러한 차이는 옥시토신에서는 발견하기 힘든 것이었습

공감적 상상력을 가진 사람은
망상이나 공상, 집단 이기주의를 넘어섭니다.
그리고 진정으로 인간에게 공감하고 인간을
상상하는 사회를 만들어 나가는 동력이 됩니다.

니다. 거울 뉴런은 인간이 자기 집단의 이익이 아니라, 옳고 정당하고 착한 것에 더 민감하게 반응한다는 사실을 증명합니다.

거울 뉴런의 발견은 공감의 힘이야말로 우리가 타인을 돕게 만드는 매우 강력한 원천이라는 것을 뒷받침합니다. 우리는 타인의 입장을 상상하고, 그러한 상상을 마치 자기 자신의 일인 것처럼 받아들여 공감합니다. 그리고 나서 최종적으로 판단을 내리고 신념을 행동으로 옮기지요. 이러한 과정을 통해서 우리 인간은 정당한 것을 따르고 남을 돕는 삶을 실현하게 되는 것입니다.

이를 '공감적 상상력'이라 부를 수 있습니다. 상상력은 때론 파괴적인 결과를 불러올 수 있다는 걸 앞에서 살펴보았습니다. 그러한 상상력에 결핍된 건 인간에 대한 공감이었습니다. 다른 사람에게, 그 상상의 대상이 되는 사람에게 공감하지 못할 때 상상력은 폭력적인 망상으로 돌변하기도 합니다. 우리의 꿈 역시 미래의 자기 자신뿐만 아니라 자신과 함께할 사람들에 대한 공감 없이는 허무한 공상이 될 뿐입니다. 그래서 '그냥 상상력'으로는 충분하지 않습니다. 우리에게 필요한 건 공감이 동반된 상상력입니다.

공감적 상상력을 가진 사람은 망상이나 공상, 집단 이기주의를 넘어섭니다. 그리고 진정으로 인간에게 공감하고 인간을 상상하는 사회를 만들어 나가는 동력이 됩니다. 삭막해진 현대 사회에서 무엇보다도 필요한 건 이 '공감적 상상력'이라는 능력입니다. 우리가 우리를 둘러싼 사람들을 상상하고 그들에게 공감할 수 있다면, 모든 게 달라질 겁니다. 김동수 씨가 십여 명의 아이들의 죽음을 삶으로 바꾼 것처럼 말이지요.

정체성의 중요성 빵만으로는 살 수 없는 인간

그럼, 이제 다시 이야기를 전환해 볼까 합니다. 처음 질문이었던 '왜 누구는 돕고, 누구는 돕지 않는가?'로 돌아가 봅시다. 우선, 누군가가 사람을 돕지 않는 것에 대해 우리가 내린 해답은 '공감적 상상력'이 결여되어 있기 때문이라는 것이었습니다. 사람들이 공감적 상상력을 중시하는 교육을 어릴 때부터 받고 여러 경로를 통해서 공감하는 능력과 상상하는 능력을 키워 나간다면, 사람들은 서로 도우며 살아갈 테고, 우리 사회는 보다 풍요로워질 것입니다. 그러나 이것만으로 우리가 갖고 있는 의문이 속 시원히 해결되었다고 느끼긴 어렵습니다. 정신분석학을 다룰 때 살펴보았듯이, 인간은 모순되고 분열된 존재이기도 하기 때문입니다. 우리 안에는 '공감적 상상력'을 토대로 한 이타성이 분명히 존재하지만, 동시에 언제나 자기 자신의 정체성이나 존재를 중시하는 이기성 역시 존재합니다.

이제는 후자에 초점을 맞추어 볼까 합니다. 타인을 돕는다는 것이 우리의 정체성(identity)과도 매우 밀접한 관련이 있을 거라는 얘기지요. 이러한 이야기는 정신분석학에서 어느 정도 언급한 것이기도 합니다. 특히 '상징계'와 관련지어서 했었지요. 언어를 바탕으로 한 자기 정체성이 타인을 돕는 데 중요한 역할을 할 수 있다는 것이었는데, 여기에서는 그러한 관점을 보다 깊이 있게 다뤄 보려고 합니다.

일단 '정체성'이라는 것에 대해 생각해 볼 필요가 있습니다. 인간이 다른 모든 동물과 가장 차이 나는 점은 바로 정체성을 지닌다는 것입니다. 우리는 끊임없이 내가 누구인지 궁금해하고 확인받고 싶어 합니다. 사람은 그저 먹고 자는 것을 넘어 자기 삶의 의미를 찾고 싶어 하고 자신이 의미 있는 존재이기를 원합니다.

그런 점에서 인간이 '언어적 존재'라고 하는 것은 정확한 해석입니다. 언어 속에서 살아가는 인간은 자기 자신에게 의미를 부여하지 않고서는 살 수 없습니다. 어릴 때 대부분의 사람들은 자신이 커서 아주 중요한 존재가 될 거라는 믿음을 가지고 있지요. 그러나 나이가 들수록 많은 사람들이 자기가 사회에서 그렇게 대단하거나 중요한 역할을 하지 못한다는 걸 깨닫게 됩니다. 그럴 때조차도 사람은 개인적인 의미들을 부여하며 살아갑니다.

특히 요즘에는 트위터나 페이스북과 같은 소셜 네트워크를 통해 온라인 상에서 발언할 기회가 많아졌지요. 특정 경험에 대한 단상이나 정치적 견해를 표명함으로써, 하다못해 누군가의 글에 댓글 하나

달 때도, 사람들은 자신이 중요한 말을 하는 사람이라고 믿고 싶어
합니다. 가정이나 직장에서 자신이 중요한 책임을 지닌다고 생각하기
도 하고, 자신이 하고 있는 일이 우리 사회에서 의미 있는 역할을 한
다고 믿기도 합니다.

이처럼 정체성은 자신을 중요하고 특별한 존재 혹은 의미 있는 존
재라고 믿는 것과 관련이 깊습니다. 그래서 많은 사람이 자신의 취향,
가치관, 기억을 중요하게 생각합니다. 먹는 것, 입는 것, 즐기는 것 등
다양한 영역에서 우리는 취향을 강조함으로써 자기 정체성을 세웁니
다. 어린 시절의 꿈, 첫사랑의 기억, 잘나갔던 시절 등을 되풀이해 떠
올리고 말함으로써 나라는 존재의 특별함을 간직하고자 하죠.

이렇게 보면, 우리 삶은 실로 '자기 자신의 소중함'이라는 것, 즉 자
기 정체성을 빼놓고는 도무지 말할 수가 없습니다. '인간은 빵만으로
는 살 수 없다.'라는 말을 다들 한 번쯤 들어 봤을 겁니다. 성경에 나
오는 말이지만, 여기서는 종교적 맥락이 아닌 철학적 맥락으로 생각
해 볼 수 있습니다. 인간이 배를 채우는 것만으로 살 수 없는 이유, 우
리는 이제 그 이유를 분명히 이해힐 수 있습니다 인간은 빵보다 정체
성을 필요로 하는 언어적 존재이기 때문이지요.

인간의 이런 특성을 보여 주는 재미난 실험이 있습니다. 실험에서
는 아이들을 데리고 병원에 가서 노인을 돌보는 봉사 활동을 합니다.
봉사가 끝난 뒤 절반의 아이들에게는 장난감을 선물하고, 나머지 절

반에게는 아무 보상 없이 칭찬만 해 주었습니다. 그런 뒤 아이들에게 다시 병원에 가서 봉사할 생각이 있는지 물었습니다. 결과는 놀라웠습니다. 다시 봉사 활동을 하고 싶다고 대답한 비율이 장난감을 받은 그룹에서는 44%에 그친 반면, 아무것도 받지 않은 그룹에서는 100%, 전원 모두였습니다!

만약 사람이 물질적 보상으로만 움직이는 존재라면 장난감을 받은 그룹에서 더 높은 비율이 나왔을 겁니다. 그런데 오히려 어떤 보상도 받지 못한 그룹의 아이들이 한 사람의 예외 없이 다시 봉사를 하고 싶다고 답한 이유는 무엇일까요? 그 아이들은 칭찬을 통해 '나는 착한 사람이야. 나는 도덕적인 사람이야.'라는 정체성을 얻었기 때문이지요. 어린아이들조차 자기 정체성을 확인하는 것을 장난감을 받는 것보다 더 만족스러운 보상으로 느낀 것입니다.

위의 사례만으로도 우리는 '사람은 왜 도울까'에 대한 대답을 하나 더 얻을 수 있습니다. 우리가 사람을 돕는 이유는 때때로 그 행위가 우리의 정체성을 강화시켜 주기 때문입니다. 인간은 모두 정체성을 필요로 하고, 기왕이면 더 좋은 정체성, 더 멋진 정체성, 더 의미 있는 정체성을 원합니다. 우리가 누군가를 도울 때, 그러한 정체성이 빛을 발하게 되지요.

평판이 만드는 정체성 남들이 보기에 멋진 사람

그렇다면 여기서 '더 좋은, 더 멋진, 더 의미 있는' 정체성이란 무엇인지 생각해 볼 필요가 있습니다. 일단, 우리 인간이 사회적 존재라는 것, 다른 사람들과 관계 맺으며 사회 속에서 살아갈 수밖에 없다는 점을 생각하면, 그런 정체성은 타인에 의해 결정될 가능성이 높습니다. 함께 살아가는 사람들이 인정해 주는 정체성이야말로 사회적 존재인 우리가 갖고 싶은 정체성이니까요. 이처럼 타인에 의해 결정되는 정체성을 '평판'이라고 말할 수 있습니다.

앞에서도 살펴봤지만, 진화심리학에서는 '평판'의 의미를 크게 두 가지로 파악합니다. 하나는 이기적 유전자 이론가들이 주로 하는 이야기입니다. 즉, 인간은 '도덕적 사람이다.'라는 평판을 구입함으로써 더 큰 이익을 기대한다는 것이지요. 평판이 좋은 사람은 아마 사업, 계약, 인간관계 등에서 더 유리해질 겁니다. 다른 하나는 집단선택 이론가들의 이야기입니다. 인간은 집단의 유지를 위해 도덕적 평판을 만들어 냈다는 것이지요. 사람들이 도덕적 평판을 추구할수록 그 사회에는 서로 돕는 사람들이 많아질 것이고 그만큼 집단의 결속과 유지에도 유리할 거라는 이야기지요.

새겨들을 만한 이야기이긴 합니다만, 꼭 간접적 이익이나 집단의 유지라는 목적으로만 인간의 '평판 지향'을 해석할 수 있는 건 아닙니다. 대표적으로 정신분석학의 설명이 있습니다. 정신분석학에서 인간은 '결여된 존재' 즉 언제나 부족한 부분이 있어서 늘 무언가를 갈구하는 존재로 묘사됩니다. 어머니와 탯줄이 끊어진 그 순간부터 인간은 다시 자기를 완벽하게 채워 줄 무언가를 찾게 된다는 것이지요.

이러한 '결여'를 설명하는 데 효과적인 것이 사람이 언어적 존재라는 사실입니다. 우리는 언어로 된 평판이나 인정을 갈구하지만, 한편으로 언어는 우리를 완벽하게 만족시켜 줄 수 없습니다. 그럼에도 우리는 언어를 벗어나서는 '나'로 존재할 수 없기 때문에 끊임없이 언어로 된 인정과 평판을 갈구할 수밖에 없는 것이지요.

평판에는 꼭 도덕적인 평가뿐만 아니라 다양한 것이 포함됩니다. '저 사람은 참 감수성이 풍부해.'라거나 '저 사람은 눈치가 빠르고 센스 있어.'라는 평판도 있지요. 이 모든 것이 언어로 이루어집니다. 인간이 언어적 존재라는 것은 이처럼 '언어로 만들어진' 평판을 갈구한다는 것을 뜻합니다.

또한 여기에서 중요한 것은 이러한 평판들이 지역마다, 문화권마다, 또 시대마다 달라진다는 사실입니다. 요즘 사회에서는 잘생기고 능력 있고 돈이 많다는 것이 좋은 평판을 결정합니다. 오히려 '도덕적인 사람'이라는 평판은 덜 중요하게 여겨지고 있지요. 물론, 사람들은 때때로 언론에 소개된 의인들을 보며 감동하지만, 그 순간뿐입니다. 다시 일상으로 돌아가면, 능력과 재력과 사회적 지위를 끊임없이 비교하면서 자신의 위치를 가늠하지요. 자신보다 능력이 없는 사람을 깔보고, 자신보다 능력 있는 사람을 높이 평가합니다. 이른바 '능력주의 사회'인 것이지요.

조선 시대의 선비들에게는 얼마나 깊은 학식을 가지고 있느냐, 얼마나 훌륭한 인품을 지니고 있느냐 하는 것이 사람을 판단하는 중요한 기준이었지요. 물론, 가문이나 권력도 중시되었지만, 학식이나 도덕 역시 그에 못지않게 중요했습니다. 하지만 오늘날에는 어떤 공부를 했는가, 어떤 성품을 지녔는가는 그다지 중요하지 않습니다. 평판의 기준이 달라진 것이지요.

근래 들어 남을 돕기보다는 자기 이익만 챙기고, 협력하기보다는 경쟁하면서 더 삭막한 사회가 된 것도 이처럼 '평판'의 기준이 많이 달라졌기 때문일 수 있습니다. 사람들이 굳이 자기 정체성을 '착한 사람'으로 만들 필요가 없는 거지요. 그래봐야 인정해 주는 사람도 별로 없으니까요. 그렇게 보면 정신분석학에서 이야기하는 '우리의 삶을 지배하는 건 타자다.'라는 말이 참 적절하다 싶습니다. 남들이 어떻게 보고, 어떻게 생각하느냐가 우리의 정체성까지 결정해 버리니 말이지요.

어떤 삶을 살 것인가 하는 중대한 문제도 어쩌면 남들의 시선에 달려 있는지도 모르겠습니다. 공감적 상상력이 뛰어난 사람조차도 '남을 돕는 사람은 멍청한 사람이야.'라는 상식이 통용되는 사회에서는

근래 들어 남을 돕기보다는 자기 이익만 챙기고,
협력하기보다는 경쟁하면서 더 삭막한 사회가 된 것도
이처럼 '평판'의 기준이 많이 달라졌기 때문일 수 있습니다.
사람들이 굳이 자기 정체성을 '착한 사람'으로
만들 필요가 없는 거지요.

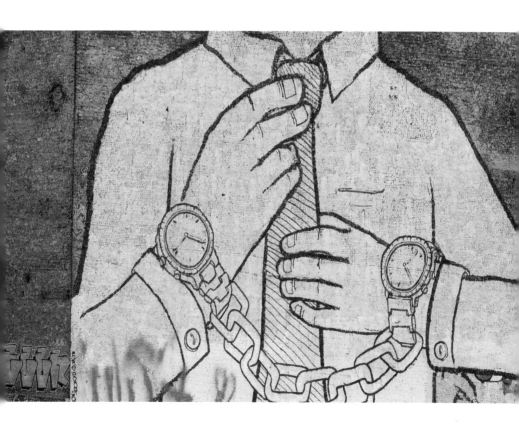

남을 돕기 쉽지 않겠지요. 우리의 꿈, 신념, 취향, 원칙 같은 삶을 구성하는 대부분의 것들이 남들이 좋다고 하는 것, 남들도 좋아하는 것, 남들이 인정하는 것에 갇혀 있을지도 모릅니다.

그렇다면, 우리는 언제나 타인에게서 자기 정체성을 부여받을 수밖에 없는 걸까요? 사회에 통용되는 평판에 따라 정체성을 만들며 살아야 하는 걸까요? 결국 서로 돕는 삶을 살기 위해서는 사회에서 통용되는 '평판의 기준'이 바뀌는 수밖에 없을까요?

 ## 내가 만드는 정체성 사는 대로 생각하는 삶, 생각하는 대로 사는 삶

내 정체성과 신념이, 나아가 내 삶이 타인에 의해 결정된 것이라고 한다면 누구든 화가 날 겁니다. 그럼에도 이 말이 상당 부분 진실을 포함하고 있음을 부인하기란 어렵습니다. 우리는 살아가면서 남들과 자기 자신을 끊임없이 비교하고, 남들보다 더 우월하거나 남들 정도의 수준을 가진 사람이 되고 싶어 합니다. 실령 내 스스로 그렇게 비교하지 않더라도, 남들이 나를 그렇게 비교하고 규정하지요. 그러다 보면, 나도 모르게 쓸데없는 열등감이나 피해의식을 갖게 되기도 하고, 반대로 남을 깔보거나 남들과 비교해서 우월감을 느끼기도 합니다.

우리가 여기에서 주목해야 할 것은 남들과 나를 비교할 때 '무엇을 기준으로' 비교하느냐입니다. 대부분 사람들의 기준은 비슷합니다. 누가 더 좋은 학교를 나왔는가, 누가 더 돈을 많이 버는 직장에 다니는가, 누가 더 권력이 있는가, 같은 것이지요. 이렇게 천편일률적이고 속물적인 기준으로 서로 비교하는 것은 한국 사회의 병폐로 자주 지적됩니다.

우리는 대체 왜 그렇게 비교하고 비교당하며 살아야 하는 걸까요? 어릴 때부터 누가 더 공부를 잘하느냐로 줄 세우기 당하며 살아 왔고, 친척들이 모인 자리건 동창회건 직장 동료들끼리 모인 자리건 서로 눈치 보면서 누가 더 많이 벌고 잘사는지 따지느라 여념이 없습니다. 아마 그런 자리에서 '누가 더 도덕적인가'를 따지면서 자부심을 느끼거나 죄책감을 느끼는 경우는 없을 겁니다. 사람들은 더 이상 그런 가치에 관심을 기울이지 않고, 그런 가치가 중요하다고 생각하지도 않습니다.

하지만 많은 사람이 살아가는 모습이나 생각하는 방식이 반드시 옳은 건 아닙니다. 우리가 때때로 그런 사람들 사이에서 거부감과 불편함을 느꼈다면, 그 감정은 우리에게 어떤 진실을 말해 주려고 하는 걸지도 모릅니다. 그 진실이란, 그렇게 살아가는 대다수의 사람들이 잘못되었을 수도 있다는 것이지요. 그들 역시 그렇게 살고 싶어서 그렇게 사는 게 아닐 겁니다. 언젠가부터 그렇게 살게 되었고, 어느덧 돌아보니 그런 사람이 되어 있는 것이겠지요.

우리는 대체 왜 그렇게
비교하고 비교당하며
살아야 하는 걸까요?

'용기를 내어 그대가 생각하는 대로 살지 않으면, 머지않아 그
대는 사는 대로 생각하게 된다.' 프랑스 시인 폴 발레리(Paul Valery,
1871~1945)가 한 말인데요. 결국 남들이 말하는 '평판'에 좌우되고, 남
들이 생각하는 '기준'에 휘둘리며 사는 우리네 삶에 대한 적확한 지
적이 아닐까 싶습니다. 남들의 기준에 좌우되는 삶을 나만의 고유한
삶이라고 하긴 어려울 겁니다. 그럼에도 우리는 자기 삶이 특별하다
고 믿으며 적당히 합리화하며 살아갑니다. 그 결과가 어떨지는 모르
겠습니다. 남들처럼 생각하고 남들처럼 살면 행복할까요? 남들이 지
향하는 가치들을 내가 원했던 것인 양 성취하면서도 진정으로 삶을
긍정하고 인생에 만족할 수 있을까요?

이러한 질문에 '아닌 것 같다.'라는 생각이 든다면, 우리에겐 새로
운 반전이 필요합니다. 그 반전은 발레리가 말한 '용기를 내어 생각하
는 대로 사는 것'입니다. 진정한 행복이란, 옳은 신념이란, 멋진 삶이
란 무엇인지 스스로 생각하고 결정하는 것이지요. 통념에 따른 삶이
아니라, 자기가 정한 기준에 따라 사는 삶으로 나아가는 겁니다.

당연히 그런 삶을 살기란 쉽지 않습니다. 또 무엇이 옳은 기준이고
좋은 삶이고 멋진 인간인지 판단하고 결론 내리는 것도 간단하지 않
습니다. 아마 남들과 다른 기준을 갖고 살겠다고 마음먹으면, 곱지 않
은 시선과 편견에 시달려야 할지도 모릅니다. 또 대다수가 이미 걷고
있는 길이 아니기 때문에 더 많은 좌절과 시행착오를 겪게 될지도 모

룹니다. 그럼에도 보다 진정한 만족, 진실한 감정을 느끼며 진짜 자신으로 살고자 하는 사람이라면 그 길을 걸을 것입니다. 끊임없이 편견, 평판, 비교 같은 단어들과 싸우면서 말이지요.

자유로운 삶 가능성을 최대로 발휘하기

신분 제도가 공고히 자리 잡고 있던 시대에는 태어나는 순간 개인의 운명이 결정되었습니다. 농부의 자식은 농부로, 백정의 자식은 백정으로, 왕의 자식은 왕손으로 살게 되었지요. 그런 시대에서 나의 꿈, 나의 욕망, 나의 신념 같은 것은 거의 중요시 되지 않거나 무시되었습니다.

그러나 현대로 접어들면서 '나'라는 것이 중시되기 시작하지요. 이제 사람들은 저마다 자신의 꿈이 무엇인지, 나는 누구인지, 나의 삶은 어떠해야 할 것인지를 고민하며 자기만의 길을 가고자 합니다. 인류 역사의 관점에서 오히려 훨씬 긴 시간 동안 사람들이 그렇게 살지 않았다는 사실이 놀랍게 느껴집니다. 아주 오랫동안 사람은 자신이 속한 집단을 위해, 주어진 신분에 따라, 혹은 종교의 원칙이나 국가적 신념 안에서 살았습니다. 이제 기준은 '내 마음대로'로 바뀌었습니다.

내 인생을 내 마음대로 살 수 있다는 것, 그것이 우리 현대인의 '조건'입니다. 하지만 여기에서 조금 더 현실을 냉정히 볼 필요가 있습니다. 다른 어느 시대보다도 이 시대는 원하는 대로 선택한 삶을 살 수 있는 자유로운 시대입니다. 그런데 우리는 정말 그렇게 살고 있을까요? 말로는 자유로운 시대라 하고, 다들 자기가 원하는 삶과 꿈을 찾겠다고 하지만 과연 얼마나 그렇게 살고 있을까요? 신분 제도는 없어졌지만 평판이 그에 못지않게 우리 삶을 강력하게 장악하고 있습니다. 남들이 보기에 좋은 삶, 남들이 인정하는 삶, 남들이 멋지다고 생각하는 삶이 '초자아'가 되어서 우리에게 명령을 내리지요. 과거에는 우리에게 명령을 내리는 존재가 제도나 가문처럼 우리 '바깥'에 있었다면, 이제는 우리 '안'에 있는 초자아의 명령을 받고 살아갑니다.

신분 제도가 있었을 때, 대다수의 사람이 신분 제도가 불합리하다는 생각조차 하지 못했습니다. 그게 세상의 당연한 질서라 믿고 살았지요. 설령 그 제도가 어딘가 이상하고 불합리하다는 생각이 들어도 대부분 순응하고 살았습니다. 여기서 '신분 제도'라는 말을 '남들이 정한 기준'이라는 말로 바꾸면 딱 오늘날의 이야기가 됩니다. 신분 제도에 순응하고 살았던 과거의 사람들이 어리석고 이상하게 생각된다면, 남들이 마련한 기준과 방식에 순응하고 사는 오늘날의 사람들 역시 마찬가지입니다.

그렇기에 우리는 좋은 삶이 무엇인지 고민해야 합니다. 그리고 자기만의 삶을 살아야 합니다. 따라서 지금 시대가 '내 마음대로 사는 자유로운 시대'라고 한다면 두 가지 면에서 틀린 게 됩니다. 첫째는 대부분 남들을 따라 살 뿐 실제로 내 마음대로 사는 사람이 거의 없다는 것이고, 둘째는 내 마음대로 사는 삶이 엉망진창인 삶이라면 그걸 자유라고 부를 수조차 없다는 것이지요.

진정한 의미에서 '자유로운 삶'이란 내가 상상하고 실제로 살 수 있는 가장 좋은 삶입니다. 그 삶은 내 안의 가능성을 최대한 실현한 삶이자, 자기 자신을 기만하지 않는 삶이며, 진실한 행복과 함께 나 자신이 '정당하다'는 느낌을 주는 삶입니다.

술과 약에 의존하며 살아 있는 동안 쾌락만 추구하다가 요절한 삶을 자유롭고 멋진 삶이라 볼 수는 없겠지요. 자기 내면의 양심을 외면한 채 타인에게 고통을 주며 산 삶 역시 정당한 삶이라 볼 수 없을 겁니다. 결국 '자유로운 삶'에서 '자유'란 다른 말로 하면 자기 자신에 대한 책임을 의미합니다. 가능성과 정당성에 대한 책임인 것이지요. 내 안에 깃든 가능성을 최대한 실현하며 살 것, 내 안의 양심과 논리를 배반하지 않고 가장 정당한 삶을 살 것. 그 두 가지에 대한 책임을 다한 삶이야말로 진정 '자유로운 삶'이라 할 수 있습니다.

가능성과 정당성이란 기준은 대단히 중요합니다. 이 두 가지 기준이야말로, 앞에서 이야기했던 '남들의 기준'을 거부하고 얻은 자유로운 삶의 핵심이기 때문입니다. 나의 진정한 가능성을 포기하고 적당히 남들이 하라는 대로 사는 것, 내가 정당하다고 생각하는 기준보다 남들이 말하는 기준에 맞춰 사는 것을 자유로운 삶이라 부를 수 없음은 당연합니다.

우선, 최대한의 가능성을 발휘하며 사는 삶에 대해 이야기해 보겠습니다. 이때 가능성은 넓이에 대한 가능성일 수도 있고, 깊이에 대한 가능성일 수도 있습니다. 넓이에 대한 가능성은 말 그대로 최대한 다양한 경험을 해 보는 삶이겠지요. 그림도 그려 보고, 악기도 배워 보고, 스쿠버다이빙도 도전해 보고, 세계일주도 해 보는 그런 의미에서의 가능성입니다. 반대로 깊이에 대한 가능성은 자기가 가진 재능을 어느 한 가지에 최대한 집중하는 것을 의미합니다.

넓이든 깊이든 그 사람이 자기 삶을 최대 한도로 살아 낸다는 점에서는 크게 다르지 않을 겁니다. 다만, 기억해야 할 건 자기가 사는 삶이 자기 자신이 정말 바라는 삶인지 아닌지를 알아야 한다는 것입니다. 어떤 사람은 온 세계를 여행하며 최고의 만족감을 느끼는 반면, 어떤 사람은 무한한 깊이의 학문 세계를 탐구하며 진정한 삶을 살고 있다고 느낍니다. 자신이 바라는 것을 쉽게 알아낸 사람도 있을 테지만, 엄청난 노력을 기울여야 그것을 알게 되는 사람도 있습니다. 일단 그 무엇을 찾아내고, 그 무엇과 함께 살 수 있다면 우리 삶은 반 이상 성공한 것이나 다름없습니다.

정당한 삶이란 무엇인가 타인과 끊임없이 영향을 주고받는 삶

그럼 두 번째로, '정당하게 사는 삶'에 대해 이야기해 보겠습니다. 이 부분이야말로 이 책의 주제와 밀접하게 연관된 부분이지요. 과연 타인을 돕는 건 정당한가? 서로 돕고 사는 건 정당한 일인가? 도우며 사는 삶이 정당하고 멋진 삶의 표본이 될 수 있는가? 이 질문에 우리는 답해야 합니다.

일단 '그렇지 않다'라는 대답이 있을 수 있습니다. 타인을 돕는 건 정당하지 않다? 자유주의나 능력주의를 옹호한다면, 가능한 답입니다. 우선 이 논리는 바로 앞에서 본 '가능성'에 초점을 맞춥니다. 인간이 태어나서 가장 우선시해야 할 건 자기의 가능성을 최대한 실현하는 것이라는 점입니다. 남을 돕다 보면 자기 자신을 위한 시간이나 노력을 어느 정도 포기할 수밖에 없고, 결국 가능성을 '최대한 실현'할 수 없게 된다는 것이지요.

이와 같은 논리에 따르면, 가장 좋은 사회는 오로지 자기 자신의 가능성만을 위해 최선을 다하는 삶들이 모인 사회입니다. 그러다 보면, 각자가 자기만의 자리를 찾게 되고 사회 전체는 조화로워지리라는 것이지요. 그림을 잘 그리는 사람은 자기 예술에만 몰두하여 최고의 작품을 만들어 내면 그만이고, 달리기를 잘하는 사람은 오로지 기록 단축에만 최선을 다하면 된다는 것이지요. 흔히 이런 사회를 원자화된 사회라고 부르기도 합니다. 각자가 하나의 원자로서 자기 삶에만 충실하면 된다는 것입니다.

이러한 인간 모델 혹은 사회 모델에서 서로 돕는 것, 협력하는 것 등은 서로의 가능성을 최대화할 수 있을 때만 유효합니다. 만약 아인슈타인이 물리학 연구에 몰두해야 할 시간에 밖에 나가서 걸인들을 돕고 다녔다면 인류 역사상 가장 중요한 이론 중 하나가 나올 수 없었을지도 모릅니다. 그러니 자기에게 이득이 될 때를 제외하고는 서로 도와서는 안 된다는 논리가 있을 수 있습니다. 그런 사회에서 사회적 약자나 빈자는 자기 삶에 최선을 다하지 않아서 그렇게 되었을 뿐이므로, 그들을 안타깝게 여기거나 애써 도울 필요도 없습니다.

어쩌면 이는 지금 우리 사회의 모습이자 이념일지도 모르겠습니다. 다들 자기 이익만 좇아서 살기에 바쁜 시대니까요. 서로를 배신하고, 속이고, 이용하는 일은 너무나 익숙한 것이 되었습니다. 더군다나 인간은 이기적이어서 그렇게 살 수밖에 없다고 정당화해 주는 이론까지 있으니, 정말로 살던 대로 살면 되는 걸지도 모릅니다.

이처럼 자기의 '최대한의 가능성'에만 초점을 맞추는 삶과 사회는 가능해 보입니다. 그러나 그런 삶과 사회가 정말 정당한 것이냐고 묻는다면, 다시 생각해 볼 여지가 있습니다. 앞에서 자유로운 삶을 다른 말로 하면 책임을 지는 삶이라고 말했습니다. 이때 책임은 우선적으로 자기 자신에 대한 책임입니다. 그런데 책임은 정말 '자기 자신'에 대한 것만으로 충분할까요? 혹은 자기 자신에 대한 책임이 자기 가능성에 대한 책임과 같은 것이라 볼 수 있을까요? 혹시 자기 자신에 대한 책임이란, 더 넓은 의미를 지니는 건 아닐까요?

이 질문에 대답하기 위해 '나'라는 존재에 대해 다시 한 번 생각해 봅시다. '사람은 홀로 태어나서 홀로 죽는다.'라는 말이 있습니다. 이 말은 인간의 '원자성'을 강조한 말이라고도 볼 수 있습니다. 결국 인간은 고독한 개별 존재이며, 자기 자신과 싸우면서 자아와 삶을 실현하려는 존재라는 것이지요. 경제학에서 합리적인 인간은 궁극적으로 '자기 이익'을 추구하는 존재로 묘사됩니다. 경제학뿐만 아니라 심리학에서도 인간은 자기의 쾌락과 행복을 추구한다는 명제가 여전히 유효하지요.

그런데 정말 그런가요? 일단 우리는 홀로 태어나서 홀로 죽는 것 같지 않습니다. 태어나는 그 순간부터 성인이 될 때까지 보통 우리 곁에는 가족이 있습니다. 가족의 존재를 빼버린다면 한 사람의 유년에 대해 아무것도 말할 수 없을 겁니다. 죽는 것도 비슷합니다. 최근에는 고독사가 심각한 사회 문제가 되고 있긴 하지만, 내부분은 죽는 순간에도 자식이나 배우자가 곁에 있습니다. 생각보다 우리가 홀로 사는 시간은 거의 없고, 태어나서부터 죽을 때까지 우리 곁에는 늘 누군가가 있습니다.

우리가 늘 누군가와 살고 있다는 건 무슨 뜻일까요? 그저 다른 사

결국 인간은 고독한 개별 존재이며,
자기 자신과 싸우면서 자아와 삶을 실현하려는
존재라는 것이지요. 경제학에서 합리적인 인간은
궁극적으로 '자기 이익'을 추구하는 존재로 묘사됩니다.

람 따로, 나 따로 그렇게 같이 살아가고 있다는 걸까요? 아닐 겁니다. 우리가 평생 누군가와 함께 살아간다는 건 그 수많은 사람들과 서로 영향을 주고받는다는 의미입니다. 그 영향은 사소할 수도 있고 매우 중대할 수도 있습니다. 한 아이에게 그 부모가 주는 영향이란 어마어마합니다. 친구, 동료, 교사 등등 살아가면서 만나게 되는 많은 이들이 우리에게 끼치는 영향도 마찬가지입니다.

반대로 내가 타인에게 주는 영향도 있습니다. 내가 어떤 아이인가에 따라 부모의 인생은 달라집니다. 내가 어떤 친구를 왕따시키는 데 가담했다면, 그 친구는 평생을 고통 속에 살 수도 있는 반면, 내가 고립된 누군가의 유일한 친구가 되어 준다면 그 친구의 인생을 바꿀 수도 있습니다.

이렇게 적극적인 경우가 아니더라도, 우리는 누군가에게 영향을 줄 수밖에 없습니다. 나는 그저 나 혼자만의 인생을 살아간다고 생각하지만, 누군가는 그런 나 때문에 아주 큰 피해를 입을 수도 있고 혜택을 얻을 수도 있습니다. 예를 들어, 내가 아무 생각 없이 매일 집 앞에 나가 담배를 피우는데 그걸 보고 멋지다고 생각한 어린 학생이 나를 따라 흡연을 시작해서 몸이 망가지고 불량한 친구들과 어울리게 될 수도 있겠지요. 반면, 나는 그저 나를 위해 열심히 공부한다고 생각했는데, 그 모습을 보고 자극 받은 친구가 나를 따라 열심히 공부해서 사회적으로 성공한 인물이 될 수도 있습니다. 이런 경우들은 모든 사람의 인생에서 흔하게 일어나는 일들이지요.

우리는 자신이 모르는 순간에도 항상 타인과 공명하며 살고 있습니다. 정신분석학의 통찰은 우리에게 그 점을 잘 일깨워 주었지요. 나의 꿈, 나의 욕망, 나의 추구, 나의 취향, 나의 생각 등등 내가 오직 내 것이라고 믿는 것 중에서 타인의 영향을 전혀 받지 않은 건 하나도 없습니다.

이처럼 '나는 누구인가'라는 질문에 대해 '나는 나다'라는 대답이 아니라, '나는 온갖 사람들과 관계 맺으며 상호작용하는 존재다.'라는 대답이 훨씬 더 적절하다는 건 분명합니다. '정당한 삶이란 무엇인가.'라고 물을 때도 이러한 바탕 위에서만 적합한 대답을 찾을 수 있습니다. 정당성의 기준은 서로 상호작용하며 살 수밖에 없는 인간의 운명을 전제로 해야 하는 것이지요.

최근까지도 많은 이들의 주목과 각광을 받았으며 여전히 선망의 대상인 한 인물에 대해 이야기해 볼까요? 바로 '애플(Apple)'이라는 회사를 세워서 CEO로 활동하다 몇 년 전 세상을 떠난 스티브 잡스 (Steve Jobs, 1955~2011)입니다. 그는 창의적이고 열정적으로 살면서 많은 사람에게 영감을 주었습니다. 아마 '자기 가능성'을 최대로 발휘하며 살았던 사람을 열거한다면, 스티브 잡스의 이름을 빼놓을 수 없을 겁니다.

그는 분명 '가능성'이라는 측면에서는 최고의 삶을 살았습니다. 그

자기 자신과 자기 회사를 위해 최선을 다한 그를
나쁜 사람이라고 볼 수는 없겠지만,
정당한 사람이라고도 말할 수 없을 것입니다.

럼에도 그가 충분히 정당한 삶을 살았는가 묻는다면 선뜻 답하기 곤란해집니다. 잡스가 애플 사의 CEO로 일할 때, 애플은 세계적인 기업으로 성장하며 엄청난 이윤을 창출했습니다. 하지만 그가 그러한 이윤 창출을 위해 중국 노동자들을 가혹하게 착취했다는 이면은 잘 알려져 있지 않습니다. 애플의 아이패드를 조립하기 위해 노동자들은 시간당 900원 정도의 돈을 받았고, 1년에 350만 원 가량을 받으며 일했습니다. 그러한 처참한 노동 조건 때문에 십수 명의 노동자들이 연쇄적으로 자살하기도 했지요. 그런 와중에 스티브 잡스는 1000억 달러(약 100조 원)가 넘는 돈을 회사에 쌓아 두고 있었습니다.

그의 삶은 가능성 면에서는 훌륭했지만, 결국 자기의 가능성만을 추구하는 것이 얼마나 타인에게 악영향을 끼칠 수 있는지는 몰랐던 삶이라고 볼 수밖에 없습니다. 자기 자신과 자기 회사를 위해 최선을 다한 그를 나쁜 사람이라고 볼 수는 없겠지만, 정당한 사람이라고도 말할 수 없을 것입니다.

이제 우리는 정당한 삶이란 무엇인지 알 수 있습니다. 그것은 살아가면서 내가 받는 영향과 내가 주는 영향을 온전히 이해하고 책임지는 삶입니다. 그것은 또한 원하든 원하지 않든 타인에게 영향을 줄 수밖에 없는 우리 인간의 조건상, 악영향보다는 좋은 영향을 주고자 노력하는 삶입니다. 진정한 자유란 자기 자신에게 책임을 지는 것입니다. 이때, 자기 자신이란 외따로 독립된 채 멈춰 있는 원자적 존재

가 아니라 '타인과 끊임없이 영향을 주고받는' 현재진행형의 존재입
니다.

멋진 삶을 위한 여정 멋진 이야기를 쓰는 삶

이쯤 해서 다시 '사람은 왜 서로 도울까'라는 질문으로 되돌아가야
겠습니다. 우리가 진정한 자기 정체성과 자유로운 삶이란 무엇인지를
탐구한 것은 '공감적 상상력'만으로 이 문제가 충분히 풀리지 않기
때문이었습니다. 이제 우리는 이 질문에 대해 아주 강력한 대답 하나
를 더 얻었습니다. 사람은 왜 도울까, 나아가 왜 도와야만 할까. 그 이
유는 정당하고 자유로운 삶을 살기 위해서입니다.

도우며 산다는 것은 단순히 남는 시간에 복지관을 다닌다거나, 거
금을 기부한다거나, 직장을 포기하고 해외로 봉사활동을 떠나는 걸
뜻하는 게 아닙니다. 더 중요한 차원에서 '도우며 사는 삶'이란 타인
들에게 좋은 영향을 주며 사는 것이며, 타인에게 공감하며, 타인을
상상하고 함께 더불어 살고자 애쓰는 것입니다.

그런데 이때 중요한 것은 타인들에게 휘둘리지 않아야 한다는 것
입니다. 타인의 평판, 편견, 잣대에 휘둘리기 시작하면 오히려 좋은
삶을 살 수 없게 되어 버립니다. 왜냐하면 그러한 타인의 잣대 자체가

이미 오염되어 있기 때문이지요. 그래서 우리는 가능성과 정당성으로 자기 기준을 세우고, 자신의 힘으로 타인에게 영향을 주며 살아야 합니다. 그랬을 때 우리의 삶이 진정으로 자유로운 단계에 올라섰다고, 멋진 삶을 실현하기 시작했다고 말할 수 있습니다.

우리는 도우며 살거나 돕지 않으며 살거나 하는 두 가지 선택지 사이에 있습니다. 도우며 살고자 한다면, 우리는 내 삶이 정당하다는 신념을 가질 수 있지만, 그렇지 않다면 그런 신념은 포기해야겠지요. 하지만 그것만으로 '정당성의 요구'가 끝나는 건 아닙니다. 내 안에 남은 양심, 죄책감, 죄의식은 우리를 평생 물고 늘어지며 내 곁에 있는 사람들을, 내가 영향을 끼치고 있는 타인들을 바라보라고 속삭일 겁니다.

우리가 타인에게 크고 작은 영향을 끼친다는 것은 아무리 부정해도 남는 엄연한 진실이기 때문에, 우리는 그 사실을 영원히 떨쳐 낼 수 없습니다. 다만 그럴 리 없다고 스스로를 속이거나, 타인을 도울 필요 없다고 자기 합리화를 하거나, 애써 자기에게만 집중하며 타인을 잊으려고 할 뿐이지요.

조금 어려운 이야기일 수 있지만, 이처럼 타인은 우리의 '존재 조건' 입니다. 따라서 타인을 돕는 것은 우리 '삶의 조건'이지요. 달리 말하면, 우리는 타인과 연계되어서만 존재할 수 있습니다. 타인과의 모든 연계, 관계, 고리를 끊는 순간 '나'라는 존재 역시 사라집니다. 누구도 이 운명에서 벗어날 수 없습니다.

과거의 사상가들 역시 이러한 점을 잘 알고 있었습니다. 그래서 맹자는 '물에 빠진 아이를 구하지 않으면 사람이 아니다.'라고 했고, 싯다르타(Gautama Siddhārtha, BC 563경~BC 483경)는 인간을 '연기(緣起)적 존재(홀로 존재하는 것이 아니라 항상 타인과 관계 맺는 존재)'라고 했으며, 아리스토텔레스(Aristoteles, BC 384~BC 322)는 인간을 '사회적 존재'라고 했지요.

우리는 수많은 사람과 함께 하나뿐인 생을 살아갑니다. 다들 한 번밖에 없는 자기 삶을 멋진 이야기로 써 나가길 원합니다. 그 이야기의 주인공은 나이지만, 어디 이야기의 주인공이 하나뿐이던가요? 내 이야기 속에는 나뿐만 아니라 나만큼 중요한 주인공들이 있습니다. 나의 가족, 친구, 연인과 같은 사람들이지요. 더불어 그에 못지않은 무수한 조연들이 함께 어우러져 내 삶의 이야기를 쓰고 있습니다. 나 역시 다른 누군가의 이야기에서 주연급 조연이거나 단역의 역할을 하고 있겠지요.

이처럼 무한한 관계의 이야기를 써 나가는 것이 우리네 삶입니다. 세상 모든 이야기가 그렇듯, 내 삶이라는 이야기 역시 '공감' 위에 서 있습니다. 누구의 공감도 불러일으키지 못하는 이야기는 실패한 이야기입니다. 등장인물들끼리 공감하는 건 물론, 쓴 사람과 읽는 사람이 서로 공명하고 공감할 수 있어야 좋은 이야기입니다.

타인은 우리의 '존재 조건'입니다.
따라서 타인을 돕는 것은 우리 '삶의 조건'이지요.
달리 말하면, 우리는 타인과 연계되어서만
존재할 수 있습니다.

우리 인간은 빵만으로 살 수 없지요. 자기 이익만 추구하면서도 살수 없습니다. 생존과 번식을 위해서만 사는 것도 아닙니다. 우리는 멋진 이야기를 쓰기 위해 삽니다. 가장 멋진 이야기는 공감적 상상력을 바탕으로 하되, 자기 가능성을 최대화하고자 애쓴 삶이며, 자기 정당성을 지키기 위해 최선을 다한 삶입니다.

멋지게 사는 것, 그건 단순히 도덕적인 사람이 되는 것도 아니고 남들이 인정하는 사람이 되는 것도 아닙니다. 멋진 삶이란 멋진 이야기를 쓰는 삶, 즉 성취하고 사랑하며 자유롭게 사는 삶입니다.

당신을 살아간다는 것 인간의 조건에 관하여

이제 우리의 여정은 거의 막바지에 다다랐습니다. 지금까지 사람을 돕는다는 것이 무엇인지, 왜 돕는지, 나아가 왜 도와야 하는지에 대한 이야기를 해 보았습니다. 돕는다는 것 자체가 참 미묘하고 다양한 의미를 담고 있는 말이라, 해답을 찾아가는 여정이 만만치 않았습니다. 진화심리학에서든 정신분석학에서든 지금까지 우리는 사람이 돕는 이유를 '나 자신'에게서 찾았습니다. 나의 본능이나 충동 때문에, 내 안의 명령 때문에, 나의 정체성을 위해, 나의 멋진 삶을 위해, 라는 식으로 말이지요. 그러나 '돕는다'라는 행위 속에는 '나'만이 있는 것이 아닙니다. 이 행위에는 반드시 '누군가'라는 대상이 필요합니다. 나를 요청하는 그 누군가, 바로 타인이 없다면 '돕는다'는 말 자체가 성립되지 않지요.

앞에서 '타인'이야말로 인간의 존재 조건이라는 이야기를 했습니다. 인간은 결코 홀로 살 수 없고, 모든 사람의 이야기에는 반드시 타인이 포함될 수밖에 없다는 뜻이지요. 이는 곧 우리가 언제나 타인에게 이끌려 왔고, 또 타인을 향해 나아가고 있다는 뜻이기도 합니다.

우리에게는 타인을 짓밟거나 멸시하거나 심지어 죽이고 싶은 마음이 있을지도 모릅니다. 그러나 우리에게는 타인에게 이끌리고 다가가고 손 내밀고 싶은 사랑의 본능 역시 존재합니다. 우리는 끊임없이 타인과 닿고 싶어 합니다. 아무리 돈과 권력만을 갈구하는 사람이라도, 타인을 전혀 염두에 두지 않고 사는 사람이더라도, 타인의 도움과 인정과 사랑 없이는 살 수 없습니다.

그런 점에서 나와 당신 사이에 놓인 '돕는다'라는 이 단어는 우리 삶의 정수를 말해 줍니다. 이 단어는 '나'라는 주어와 '당신'이라는 목적어가 있어야만 완전해지기 때문입니다. 이 세상의 수많은 당신들이 '돕는다'라는 단어 저편에서 '나'를 요청하고 있는 것입니다.

우리는 지금까지 '살아간다'는 것이 얼마나 '돕는다'는 것과 밀접한 관련이 있는지를 살펴보았습니다. '인생을 살아간다'는 것이 인생이라는 기나긴 길 위를 홀로 걸어가는 것이라고 생각하기 쉽지만, 사실 인생은 늘 누군가와 만나고 누군가를 향해 간다는 점에서 '당신을 살아간다'라는 말이 더 적절합니다. 당신 없는 나, 다른 누군가가 없는 나의 삶이란 애초에 성립조차 할 수 없는 것이니까요.

'나'라는 건 무엇일까요? 앞에서 살펴봤듯이, 이는 '언어'로 구성된 '자아 혹은 정체성'입니다. 어느 날 갑자기 언어로 된 모든 표현과 생각을 잃어버리게 된다면, 우리 자신도 사라질 겁니다. 기억상실증이나 치매에 걸린 환자처럼 '나'는 사라집니다. 누구인지 알 수 없는 존재가 내 몸을 차지하게 되겠지요. 자기 자신이 누군지도 모르는 몸뚱어리만 남겠지요.

우리는 살아가는 내내 나를 붙잡으려 하고, 내가 누구인지 묻고, 나를 찾으려고 합니다. 하지만 자기 안을 아무리 뒤져도 '나'라는 것을 찾기는 쉽지 않을 것입니다. 나는 내 안에 오롯이 들어 있는 무엇이 아니기 때문입니다. '나'라는 것은 단지 살아가면서 느끼고 경험하고 행동한 그 전체에 대해 짤막하게 부여된 이름, 즉 '언어'에 불과하기 때문입니다.

그렇기에 우리는 초점을 '나'라는 주어가 아닌 나의 행위, 즉 동사에 맞출 필요가 있습니다. 내가 누군가를 욕하거나, 짓밟거나, 아프게 했다면 그 행동이 곧 나입니다. 마찬가지로 내가 누군가를 돕고 사랑했다면 그것이 곧 내가 됩니다. 그러므로 '나'는 언제나 그다음에 오는 동사와 목적어에 의해 결정됩니다.

03 사람을 돕는 사람

그렇기에 '당신을 살아간다'는 것은 우리 삶이 결과적으로는 '내 삶'이 된다고 하여도, 그렇게 되기까지의 부단한 과정은 늘 타인들 속에 있음을 말해 줍니다. 우리는 언제나 타인들에게 빚져 왔고, 지금도 빚지고 있습니다. 마찬가지로 그 누군가는 나에게 빚지고 있을 겁니다. 부모는 자식이 성장할 때까지 보살피고, 자식은 부모에게 삶의 이유와 기쁨이 되어 주지요. 친구에게 응원과 위로의 한마디를 건네기도 하는 한편, 친구로부터 든든한 우정을 확인합니다. 이 모두가 우리가 서로에게 지고 있는 빚의 일부입니다.

우리 삶은 서로에게 무한히 빚지면서, 동시에 그 빚을 갚아 나가는 과정입니다. 우리는 지금 이 순간에도 마음과 존재의 빚을 진 채 계속해서 누군가에게 다가가며, 누군가 역시 같은 방식으로 우리에게 다가옵니다. '사람은 왜 서로 도울까'라는 질문에 답하기 위해 긴 여정을 함께했습니다. 진화심리학, 정신분석학과 더불어 심리학과 철학에 기대어 답을 구해 보았습니다. 결과적으로 우리는 이 질문 속에 삶을 위대하게 만들고, 깨닫게 하며, 통찰하게 하는 핵심이 들어 있음을 알 수 있습니다. 돕는다는 것은 이처럼 무한 관계망의 타인 속으로 들어가는 것입니다. 또한 그것이 곧 우리 삶 자체인 것이지요. 이제 당신으로 나아가는 이 무한한 여정에 나를 맡길 때입니다.

좋은 사회를 위하여

이제부터는 여담입니다만, 마무리하는 의미에서 우리 삶과 사회에 대한 이야기를 해 볼까 합니다. 인간 삶의 가장 중요한 특징은 사회 속에서 살아간다는 점입니다. 그런데 이 '사회'라는 것에 대해 잘 이해할 필요가 있습니다. 함께 모여서 군집생활을 하는 생물은 인간 외에도 아주 많습니다. 그런 군집 생물들은 하나의 보금자리를 공유하면서 집단생활을 하지요. 하지만 현대 인간의 사회, 혹은 인간의 사회생활이라는 것을 그러한 군집생활과 동일시하긴 어렵습니다.

일단 인간이 사는 '사회'는 보금자리의 개념이 아닙니다. 오히려 인간은 각자의 보금자리, 즉 자기만의 가족과 집과 방을 가지고 있으면서도 '사회'라는 추상적인 관념을 공유합니다. 그렇다고 '인간 사회'를 각각의 보금자리들이 모인 더 큰 영토 개념이라고도 볼 수 없습니다. 사회에는 그 지역 안에서만 작동하는 지역사회도 존재하지만, 아주 넓게는 전 지구인이 공유하는 세계시민사회까지도 존재하기 때문입니다. 사회는 그 사회에 참여하는 사람의 약속과 의지에 의해 결정되는 것이지, 어떤 땅이나 보금자리에 사람이 모여 있다고 해서 반드시 존재하는 건 아닙니다.

예를 들어, 사람들이 모여서 중요한 일을 논의하기도 하고, 축제도 열고, 함께 거리 청소도 하는 마을이 있다고 합시다. 이러한 마을은 '마을사회'라고 할 수 있습니다. 반면, 사람들이 서로 전혀 소통하지 않고 그저 따로따로 살고 있는 마을이 있다고 해 봅시다. 이러한 마을에는 사회가 있다고 볼 수 없습니다.

이는 더 큰 단위의 사회를 이야기할 때도 마찬가지입니다. 한국 사회와 독일 사회의 차이점을 이야기할 때 영토의 위치나 넓이는 그다지 중요하지 않습니다. 오히려 핵심은 두 사회의 규범이나 약속이 어떻게 다른가, 사회 구성원들이 서로 얼마나 신뢰하고 있는가, 사람들 사이의 관계망은 어떤 방식으로 구성되는가, 윤리 의식이나 시민 의식은 얼마나 잘 지켜지고 있는가 등입니다. 이러한 기준으로 이야기할 수 있는 사회를 더 정확히 말하면 '시민 사회'라고 부릅니다.

혹시 우리가 사회 속에서 살아간다는 의미를 곰곰이 생각해 본 적 있나요? 단순히 우리나라, 우리 도시, 우리 동네에서 학교나 회사를 다니는 게 아니라, 이 '사회를 살아간다'는 것에 대해 말이지요. 사실, 사회라는 개념이 생겨난 건 그리 오래되지 않았습니다. 과거에 사람들은 다른 동물들과 마찬가지로 집단생활을 했지, 엄밀한 의미에서 사회에서 살아간 건 아니었습니다.

사회라는 개념은 '개인'이라는 것과 함께 탄생했습니다. 우리는 모두 개인으로 살아가기 때문에 개인이 얼마나 특별한 것인지 잘 이해하지 못합니다. 불과 얼마 전까지만 해도 인류에게는 '개인'이라는 관념이 없었습니다. 사람은 태어날 때부터 신분이나 인생이 정해져 있었지요. 왕이라든가, 귀족이라든가, 농민이라든가, 백정이라든가 하는 신분이나 직업이 곧 자기 자신이었습니다. 그렇게 태어난 '나'는 가족 안에서 평생 살아갔지요. 농부의 아들은 어릴 때부터 농사를 배웠고, 귀족의 아들은 자신이 물려받을 영토를 다스리는 일을 어려서부터 배웠지요. 그들은 개인으로 태어나서 자기만의 삶을 살아간 게 아니라, 가족이나 신분에 꽉 묶인 채로 태어나서 집단적 존재로 살아갔습니다.

오늘날, 개인은 더 이상 가족과 신분 속에서 규정된 삶을 살아가지 않습니다. 이러한 개인의 탄생은 대도시의 탄생과도 밀접히 관련됩니다. 농촌에서 농사를 지으며 살 때 사람들은 '자기만의 삶'이라는 것이 뚜렷하지 않았습니다. 모두가 비슷한 일을 하고, 비슷한 시기에 모여서 놀며, 비슷한 방식으로 생활했기 때문이지요. 그러나 도시가 생기자 사람들의 사는 방식이 각기 달라지고 집단적 생활은 눈에 띄게 사라집니다. 그 과정에서 점점 자기 정체성, 개성, 자기만의 삶의 방식 등이 중요해졌지요.

현대 사회란 바로 그러한 개인들이 만드는 것입니다. 우리는 서로 직접적으로 알고 지내면서 협력하는 게 아니라, 서로 모르는 채로 익명의 시대를 살고 있습니다. 즉, 현대인은 주변의 가족이나 친구 정도를 제외하면, 서로 모르는 사람들과 함께 사회 속에서 살아가는 것입니다. 그래서 사회란 눈에 보이지도, 손에 잡히지도 않는 '추상적인' 어떤 것일 수밖에 없습니다. 우리가 사회 속에 살고 있다는 말은 어쩌면 머릿속에서 살고 있다는 것과 비슷합니다.

그럼에도 우리는 우리가 사회 구성원으로서, 즉 시민으로서 이 사회에 살고 있다는 걸 압니다. 길에 담배꽁초를 버리지 않는 이유는 여기가 내 땅이라거나 벌금이 무서워서가 아니라, 내가 이 사회의 구성원이기 때문입니다. 요즘에는 인터넷 상에서의 무례함이나 명예 훼손이 자주 문제가 됩니다. 이는 말 그대로 시민 의식이 부족한 경우지요. 반면, 그런 익명의 공간에서도 상대를 존중하며 이야기하는 사람이 있다면, 그는 우리 사회의 시민이라고 할 수 있습니다.

이처럼 한 사회가 얼마나 사회다운가, 그 사회의 시민이 얼마나 시민다운가를 측정하는 지표가 있는데 이를 '사회적 자본(Social Capital)'이라고 합니다. 일반적으로 자본(Capital)은 얼마나 돈이 많은가를 나타내는 기준인 데 반해, 사회적 자본은 그 사회가 얼마나 사회다운가를 가늠하는 기준입니다. 사회적 자본이 풍부할수록 그 사회는 좋은 사회라고 할 수 있지요.

사회적 자본에 대해서는 학자들마다 기준이 다르지만, 기본적으로 상호 신뢰, 호혜성, 협력 등이 중요하게 거론됩니다. 그 내용은 간단합니다. 우선, 상호 신뢰는 서로 모르는 사람들이 함께 살아가는 현대 사회에서도, 그 사회의 구성원을 믿을 수 있다면 그 사회는 좋은 사회라는 겁니다. 예를 들어, 길에서 지갑을 잃어버렸는데 그 지갑이 다시 주인에게 돌아올 확률이 높은 사회라면 좋은 사회인 것이지요. 혹은 모르는 사람과 거래를 할 때, 상대를 의심하기보다는 믿을 수 있다면 이 역시 좋은 사회라 볼 수 있습니다.

호혜성은 진화심리학에서 이야기한 '호혜적 이타주의'와 유사합니다. 즉, 그 사회 구성원들이 이익을 추구할 때, 오직 자기의 이익만 추구하는 게 아니라 타인의 이익도 고려하여 윈-윈(win-win)하고자 하는 경향이 호혜성입니다. 상호 혜택을 고려한다는 뜻이지요. 나만 이익을 늘리겠다고 공장에서 폐수를 정화하지 않고 몰래 버리거나, 아르바이트생의 최저 임금을 챙겨 주지 않거나, 상대를 속여 자기만 더 큰 이익을 보는 계약을 맺으려 하는 것 등은 모두 호혜성이 부족한 행위들이지요. 좋은 사회에서 사람들은 정직하게 서로의 이익을 모두 향상시킬 수 있는 방법으로 살아간다는 겁니다.

마지막으로 협력은 사람들이 일을 할 때, 혼자 하기보다는 다양한 재능을 가진 사람들이 모여 더 좋은 성과를 만들어 내는 것입니다. 좋은 사회에서는 사람들을 연결하는 네트워크가 원활하게 작동해서, 서로가 서로에게 의존하며 함께 살아간다는 것이지요. 이처럼 협력은 상호 의존성이나 협력 네트워크가 풍부하다는 말로 바꿔 말할 수 있습니다. 사람들이 모여 창업을 하거나, 함께 책을 쓰거나, 전시회를 공동으로 여는 것 등이 활발한 사회가 좋은 사회라는 것이지요. 이런 사회에서는 굳이 과거 농촌의 두레나 계 같은 친밀한 협동 조직이 없더라도, 사람들이 서로 연결되어 있다는 느낌을 받습니다. 집단적 존재로 가족이나 신분에 묶여 있는 게 아니라, 개인과 개인이 서로 연결되어 있는 것이 현대 사회인 것이지요.

그렇다면 우리나라는 어떨까요? 과연 사회적 자본이 풍부해서 살기 좋은 나라일까요? 아쉽게도 한국은 세계 경제대국 10위권에 들만큼 부자 나라이지만, 사회적 자본은 70위 정도에 머무르고 있습니다. 그만큼 사회 구성원들이 서로 믿지 못하고, 상호 이익을 추구하지도 않으며, 자발적인 협력도 잘 이루어지지 않는다는 것이지요. 이를 달리 말하면, 우리는 좁은 의미에서든 넓은 의미에서든 서로를 좀처럼 돕지 않고 살고 있다는 의미입니다.

사회적 자본이 풍성한 좋은 사회를 만들려면 어떻게 해야 할까요? 법을 고치고, 제도를 강화하고, 사람들을 감시하면 될까요? 아니면 세계 10위권 정도인 경제 수준을 1위로 끌어올릴 만큼 더 열심히 일하면 될까요? 아닙니다. 그런 걸로는 어림도 없지요. 사회적 자본을 풍성하게 하는 건 훨씬 어려운 일일 수도 있고, 의외로 쉬운 일일 수도 있습니다. 바로 우리가 앞에서 말한 '멋진 삶'을 사는 것이지요.

여러분은 멋지게 살고 있나요? 아니면 되는 대로, 대충, 그냥저냥 살고 있나요? 우리가 멋진 삶을 사느냐 마느냐는 나 자신에게는 물론 이 사회에도 중요합니다. 자기만의 멋진 삶을 추구하지 않고 그저 남들이 하는 대로 사는 대로 생각하며 사는 사람들의 사회는 언제까지나 제자리걸음만 할 뿐입니다. 어쩌면 갈수록 더 퇴보할지도 모르지요.

우리가 공감적 상상력을 풍부하게 키우면서, 자기 가능성에 최선을 다하고, 정당성을 갖추기 위한 삶을 살아간다면 우리 사회 역시 좋아질 수밖에 없습니다. 서로가 서로를 상상하며 배려하고, 서로에게 좋은 영향을 주려 노력하고, 서로 다른 삶의 이야기들을 존중한다면 그 사회의 사회적 자본 역시 눈에 띄게 풍부해질 것입니다.

누군가를 돕는다는 건 테레사 수녀나 간디, 부처나 예수처럼 특별한 사람들만 하는 일이 아닙니다. 사람은 먹고, 자고, 사랑하고, 성취하며 살아갈 뿐만 아니라 서로 도우며 살아갑니다. 사람들이 자기 삶에서 '돕다'라는 단어를 제거해 버리는 순간, 그의 삶은 물론이고 우리가 쌓아온 이 사회와 문명 전체는 흔적도 없이 사라질 겁니다. 당장 세상의 모든 어린아이들이 살아갈 수 없을 것이며, 거의 모든 종류의 사회생활이 불가능해질 겁니다.

따라서 선택지는 없습니다. 더 도우며 더 풍요로운 삶과 사회를 만들 것인가, 덜 도우며 덜 풍요로운 삶과 사회를 만들 것인가 하는 것뿐이지요. 모든 건 우리 삶에서부터 시작된다는 걸 잊어선 안 됩니다. 나의 멋진 삶, 당신의 멋진 삶, 우리의 멋진 삶에 모든 게 달려 있습니다.

사람은 왜 04 이타
사람은 왜 서로 도울까

2015년 8월 26일 처음 찍음 | 2020년 4월 15일 네 번 찍음

지은이 정지우
펴낸곳 도서출판 낮은산 | 펴낸이 정광호 | 편집 강설애 | 디자인 박대성 | 제작 정호영
출판 등록 2000년 7월 19일 제10-2015호
주소 04048 서울시 마포구 어울마당로5길 16 반석빌딩 3층
전화 02-335-7365(편집), 02-335-7362(영업) | 팩스 02-335-7380
홈페이지 www. littlemt.com | 이메일 littlemt2001ch@gmail.com | 트위터 @littlemt2001hr
제판·인쇄·제본 상지사 P&B

ⓒ 정지우, 2015

ISBN 979-11-5525-046-4 44100
ISBN 979-11-5525-027-3 44080 (세트)

이 도서의 국립중앙도서관 출판예정도서목록(CIP)은 서지정보유통지원시스템 홈페이지(http://seoji.nl.go.kr)와
국가자료공동목록시스템(http://www.nl.go.kr/kolisnet)에서 이용하실 수 있습니다. (CIP제어번호 : CIP2015021527)